Michael Landgraf
Schalom Martin

Michael Landgraf

Schalom
Martin

Eine Begegnung mit dem Judentum

marixverlag

Für meinen Sohn Michael David Martin

Copyright © by Marix Verlag GmbH, Wiesbaden 2006
Covergestaltung: Thomas Jarzina, Köln
Titelabbildung: istockfoto.com/Thomas Jarzina
Satz und Bearbeitung: C&H Typo-Grafik, Miesbach
Gesamtherstellung: Ebner & Spiegel, Ulm
Printed in Germany

ISBN 10: 3-86539-108-7
ISBN-13: 978-3-86539-108-7

www.marixverlag.de

Inhalt

Inhalt

ERSTE BEGEGNUNGEN

Martin und David

Martin betrat zum ersten Mal ohne seine Eltern die neue Schule. Gestern war der erste Schultag in der fünften Klasse. Alle waren sehr mit sich selber beschäftigt und aufgeregt. Die Neuen wurden herumgeführt und sollten das Schulhaus kennen lernen. Dann gab es eine kleine Feier in der Sporthalle, bei der die Schulband spielte. Schließlich trafen sich alle im Klassenzimmer und die Klassenlehrerin erklärte etwas über die Pausenordnung und die Schulregeln. Martin musste bei all dem aufpassen, dass nichts an die guten Kleider kommt. Jedenfalls schaute seine Mutter immer nervös zu ihm herüber, sodass er kaum einen Blick für andere hatte.

Heute hatte Martin seine bequemen Jeans und die Jacke an, in der er sich am wohlsten fühlte. Er sah die breite Treppe, die hoch in den ersten Stock führte. Langsam stieg er am Rand die Treppe hinauf – zu langsam für die nach oben stürmenden Mitschüler. Geschrei hallte im Schulhaus und übertönte den Gong. Martin wurde immer wieder von den vorbeistürmenden Mitschülern angerempelt.

Auf der anderen Seite der Treppe stieg ein Junge ebenso bedächtig hinauf. Dem ging es nicht besser.

»War der nicht in meiner Klasse?«, fragte sich Martin. So genau wusste er es nicht mehr.

Oben angekommen bog Martin nach rechts in den Flur, in dem sein Klassenzimmer lag. Etwas hinter ihm ging der andere Junge. ›Der bummelt ja noch mehr als ich!‹, dachte er.

Beide kamen hintereinander im Klassenraum an. Da am Tag zuvor noch keine Sitzordnung festgelegt wurde, schauten sich alle erst einmal im Raum um. Neben wem sitzen? Ein paar, die sich aus der Grundschule kannten, hatten schnell ihren Platz gefunden.

Martin und der andere Junge standen etwas schüchtern nebeneinander. Er blickte dem Jungen kurz in die Augen und nickte in Richtung der am nächsten stehenden Bank. Der Junge nickte ebenfalls und die beiden setzten sich.

Kurz angebunden sagten sie:

»Ich bin Martin.«

»Ich heiße David.«

Noch etwas unsicher kramten die Jungs in ihren Schulranzen. Erste Stunde Deutsch – also Lesebuch und Heft herausholen. Jeder starrte noch ein wenig verlegen vor sich hin.

Der Lehrer kam herein, schrieb seinen Namen an die Tafel und sagte laut vernehmlich:

»Grüßt euch! Mein Name ist Weber.

Ich bin euer Deutschlehrer für die nächsten beiden Jahre.

In der ersten Stunde werdet ihr euch erst einmal mit euren Nachbarn vertraut machen. Ich nehme an, die meisten wissen nicht viel von ihrem Nachbarn. Also: Macht heute ein Interview. Jeder fragt den anderen nach seinem Namen, der Straße, in der er wohnt, seinem Lieblingsessen, der Lieblingsmusikgruppe und seiner Lieblingssportart. Dann macht ihr einen kleinen Steckbrief von eurem Tischnachbarn.«

David und Martin tauschten ihre Adressen aus.

»Ich wohne in der Spinozastraße«, sagte David.

»Wir sind gerade in die Leibnizstraße gezogen.«

»Das ist ja gerade bei uns um die Ecke!«, rief David erstaunt.

»Ich kenne mich noch nicht so gut aus. Wir kommen aus Kaiserslautern. Mein Vater hat hier bei Daimler-Benz angefangen. Meine Mutter ist noch auf der Suche nach einem Job«, erklärte Martin.

»Mein Vater entwickelt Software. Meine Mutter ist zu Hause. Sie hat lange meinen Opa gepflegt, der jetzt nicht mehr lebt«, erklärte David und fragte weiter.

»Was hörst denn du für Musik?«

Martin sprach etwas zögerlich: »Naja, das ändert sich ständig. Derzeit am liebsten gerade HipHop.«

»Das hört sich ja gut an. Auch ich höre HipHop. Ich mag aber auch sonst Musik, die einen zum Nachdenken bringt«, berichtete David.

Martin grübelte kurz und fuhr fort.

»Am liebsten spiele ich übrigens Basketball. Wir haben in Kaiserslautern in der Nähe eines Sportplatzes gewohnt, auf dem ein paar Körbe hingen. Da konnte ich mit meinen Freunden jeden Tag ein schönes Spielchen machen.«

»Streetball. Yo, Mann! Mag ich auch. Bloß von uns aus muss man ein paar Minuten mit dem Rad zu den nächsten Körben fahren.«

»Und was isst du am liebsten, Martin?«

»Cheeseburger«.

»Ich Hamburger«, sagte David.

Beide lächelten sich an.

Da ihre Schule in der Stadtmitte von Mannheim lag, mussten sie ein ganzes Stück nach Hause laufen. Die Fußgängerzone hinauf, an einer Parkanlage mit einem riesigen Wasserturm vorbei und durch ein ruhiges Wohnviertel. Die beiden liefen nebeneinander her, sagten aber nicht viel. Was sollten sie auch an diesem ersten Tag sagen?

Als Martin zu Hause war, dachte er: »Das war echt ein guter Start.« Auch David freute sich, dass ausgerechnet jemand mit einer ähnlichen Wellenlänge neben ihm saß.

Am nächsten Tag saßen sie wieder beisammen, ohne dass sie sich viel erzählten. Aber das war für beide in Ordnung.

In der letzten Stunde war Religion. Für den Ethikunterricht waren in diesem Jahr kaum Anmeldungen. So gab es nur den Evangelischen und Katholischen Religionsunterricht. Martin war evangelisch. Für den Religionsunterricht gingen die Katholiken in den Raum nebenan. Auch David verabschiedete sich.

Als die Schule aus war, suchte Martin vergeblich nach David. Aus dem Raum für Katholiken war er nicht gekommen. ›Was war los?‹, fragte sich Martin. Er stapfte nachdenklich nach Hause.

Am nächsten Tag saß David wieder neben ihm. Martin fragte nicht, wo David gestern war. Er wollte nicht aufdringlich sein. Als die

Schule zu Ende war, gingen sie wieder gemeinsam nach Hause. Am Wasserturm legten sie auf einer Parkbank eine Pause ein.

Die Sonne schien und der große Springbrunnen pumpte unablässig Wasser meterhoch in den Himmel.

Martin schaute sich um. Es gefiel ihm hier.

»Da sitze ich gerne«, sagte David. »Hier kann ich gut über alles nachdenken, wenn mir etwas im Kopf herumgeht.«

Die Sonne schien den beiden auf den Rücken. Das Wasser dröhnte wie bei einem Wasserfall und immer wieder kamen durch den leichten Wind kleine Wassertropfen zu ihnen herübergeweht. Um sie herum waren Grünanlagen. Farbenfrohe Blumenbeete und das satte Grün des Rasens gaben dem Ganzen einen bunten und fröhlichen Ausdruck.

»Es gefällt mir hier auch«, sagte Martin und machte es sich auf der Parkbank gemütlich.

Nach einer Weile fragte Martin nun doch: »Wo warst du gestern während Religion?« Eigentlich war ihm die Frage peinlich, doch seine Neugier siegte.

»Befreit!«, sagte David kurz angebunden. Mit einer solchen knappen Antwort hatte Martin nicht gerechnet. David stand auf und trottete weiter, ohne ein Wort zu verlieren.

Martin folgte ihm. Er wusste, es konnte einige Gründe dafür geben, warum sich einer vom Religionsunterricht befreien lässt. Aber er wollte nicht weiter nachfragen, wenn David ihm nicht mehr sagen wollte. So gingen die beiden schweigend nach Hause.

Am nächsten Morgen, als sie weider beisammen saßen, unterhielten sich über dies und das, über die schrille Stimme der Kunstlehrerin, wenn sie sich aufregt, über die letzte Fußballsaison und darüber, froh zu sein, dass der Deutschlehrer in der ersten Stunde nicht nach dem Lieblingsfußballclub in der Bundesliga gefragt hatte. David mochte die Bayern und Martin war Fan des 1. FC Kaiserslautern – das passte normalerweise gar nicht zusammen.

Nach der Schule gingen die beiden nach Hause und machten wieder am Wasserturm eine Pause. Sie saßen eine Weile auf der Bank und schauten vor sich hin.

»Ich bin froh, dass du gestern nicht weitergefragt hast«, begann David nach einer Weile. »Ich wollte dir erst nicht sagen, warum ich vom Religionsunterricht befreit bin. Die Antwort ist: Ich gehöre der jüdischen Religion an.«

Martin schaute zu David herüber und sagte: »Na und?«

»Naja. Man weiß ja nie, ob das einem was ausmacht.«

»Wieso?« Martins Stirn zog sich in Falten.

»Weiß ich auch nicht«, zuckte David mit der Schulter und schaute Martin an: »Weißt du eigentlich irgendetwas über das Judentum?«

Martin zuckte ebenfalls die Schultern und antwortete:

»Nö, eigentlich nicht.«

»Na, das kann ja heiter werden!« lachte David und klopfte seinem neuen Freund auf die Schulter.

Jüdisches Leben in Deutschland

»Wie viele Leute gibt es denn bei uns in Deutschland, die deiner Religion angehören?«, fragte Martin, der inzwischen neugierig geworden war. David erklärte: »Heute leben ungefähr 140 000 jüdische Menschen in Deutschland. Weißt du, es gab früher einmal viel mehr Juden hier. Allein drei Mal so viele in den Städten, wie heute da sind. Selbst in kleinen Dörfern gab es jüdische Gemeinden. Aber seit die Nationalsozialisten Hunderttausende vertrieben und umgebracht haben, gibt es nicht mehr so viele.«

Von dem, was David gerade erzählte, hatte Martin zwar dunkel etwas mitbekommen, aber er wollte nicht nachfragen. ›Irgendwann wird sich das klären‹, dachte er sich.

David erklärte weiter: »Weltweit gibt es ungefähr 14 Millionen Menschen, die sich zum jüdischen Glauben bekennen. Die meisten leben heute in Amerika oder, wie meine Cousine Mirjam, in Israel.«

»Du hast eine Cousine?«

»Ja, die ist in unserem Alter. Ziemlich fit, aber vorlaut. Sie ist die Tochter von meinem Onkel Ariel, den wir Ari nennen. Er arbeitet in Haifa im Museum. Für das Museum reist er oft zu den jüdischen Museen in Berlin und Frankfurt. Dabei kommt er auch uns besuchen.«

»Gibt es hier in Mannheim auch ein jüdisches Museum?«

»Nein, das nächste von hier aus ist in Worms. Aber das Judentum ist nichts fürs Museum. Hier in Mannheim gibt es eine große jüdische Gemeinde und eine *Synagoge*. Dort feiern wir immer den *Schabbat*. Sogar einen jüdischen Friedhof gib es hier ...«

Einen eigenen Friedhof? *Synagoge*? *Schabbat*? Martin war etwas verwirrt. Aber er dachte auch: ›Das wird sicher spannend mit David.‹

David spürte die Unsicherheit bei Martin. Auch er wurde nun unsicher, ob er gerade nicht zu viel geredet hatte. Das mochte er bei anderen ja auch nicht. Als Martin den unsicheren Blick bei David spürte, klopfte er ihm leicht auf die Schulter und fragte ihn:

»Wie sieht es aus – gehen wir nach den Hausaufgaben noch ein wenig Basketball spielen?«

»Aber immer«, lachte David.

Mirjam

Ein paar Wochen, nachdem die Schule begonnen hatte, bekamen David und seine Eltern Besuch von seiner Cousine Mirjam und ihrer Familie. Wie David und Martin ging sie in die fünfte Klasse.

Martin kam nachmittags, um mit seinem Klassenkameraden Hausaufgaben zu machen. David und er hatten verabredet, dass sie sich besonders Mathe zusammen anschauten. Der Lehrer zog den Stoff ziemlich schnell durch, so dass sie kaum mitkamen. Als Martin die Wohnung betrat, lief gerade Mirjam aus dem Gästezimmer. Sie schaute ihn mit einem breiten Lächeln an. Martin bekam sofort rote Ohren, wie so oft, wenn ihn ein Mädchen direkt ansah.

»*Schalom*, ich bin Mirjam«, rief sie ihm entgegen.

»Martin!«, sagte er kurz und versuchte zurückzulächeln.

David kam dazu und sagte:«Wie ich sehe, habt ihr euch schon ein wenig beschnuppert?«

»Na so kann man das auch wieder nicht sagen. Aber wenn du darauf bestehst, werde ich Martin gleich mal etwas von mir erzählen.«

›Hätte ich bloß meinen Mund gehalten‹, dachte sich David, aber es war zu spät.

»Wir kommen aus Haifa. Die Stadt liegt im Norden Israels. Mein Vater Ari arbeitet für das Einwanderermuseum. Er schaut, woher die Menschen kamen, die nach Israel eingewandert sind und wo überall in der Welt Juden gewohnt haben. Seine Aufgabe ist es, besonders in Deutschland zu schauen, wo das war. Ihn interessieren persönliche Schicksale, welche Menschen vertrieben oder sogar getötet wurden.«

Martin hörte interessiert zu.

»Mein Großvater Schlomo ist übrigens hier in Deutschland aufgewachsen, ganz in der Nähe, in Landau. Da nannte man ihn noch

Salomo. Oma hat in Polen gelebt, bevor sie nach Israel kam. Dort haben sich dann Oma und Opa kennen gelernt und heraus kamen die beiden Brüder, die sich unsere Väter schimpfen.«

Mirjam hatte bemerkt, dass ihr Vater in der Tür stand. Deswegen betonte sie den letzten Satz besonders deutlich.

Ari musste lachen. Er kannte ja seine Tochter.

Davids Onkel ging auf Martin zu und gab ihm die Hand. »Du bist also Martin. Freut mich sehr.«

»Mich auch. Ich hab gerade alles von dem Museum und so gehört. Klingt spannend.«

Mirjam quasselte dazwischen: »Wenn du dich fragst, warum ich so gut Deutsch kann: Opa hat mir Deutsch beigebracht. Er liebt es, sich in der deutschen Sprache zu unterhalten. Sein Vater war in Landau Deutschlehrer und das hat wohl abgefärbt.«

»Und wie ist Haifa so?«, fragte Martin.

»Wun-der-schön! Haifa liegt am Meer und es ist dort viel wärmer und angenehmer als hier ...«

Langsam wurde David ungeduldig. Er wusste: Wenn Mirjam einmal loslegte, dann konnte es lange dauern. So schritt er ein: »Jetzt ist genug gequasselt. Martin, du bist hier, um mit mir Mathe zu machen. *Schalom* Mirjam!«, sagte er und zog sich mit Martin in sein Zimmer zurück.

Martin schaute David an. »Ist die immer so vorlaut?« »Manchmal«, erwiderte David und schaute genervt. Er packte die Mathesachen aus. Aber Martin wollte noch etwas wissen.

»Was heißt eigentlich *Schalom?*«

David schaute auf und überlegte kurz.

»Mit *Schalom* grüßen und verabschieden wir uns.

Das Wort ist aber mehr als ein Gruß. Es ist ein Wunsch, der mit ausgesprochen wird. Er meint: *Es soll Frieden und Wohlergehen für die Menschen geben.*«

»Das klingt gut«, sagte Martin.

David holte einen Teller, der bei ihm an der Wand hing. Darauf waren eine Friedenstaube, hebräische Schriftzeichen und die englische Übersetzung *Shalom* zu sehen.

»Weißt du was – den schenke ich dir. Der kommt aus Israel und da steht *Schalom* drauf«, beschloss David.

Martin bedankte sich und legte den Teller vor sich hin. Er sah ihn immer wieder an, während sie Mathe machten. Und er musste daran denken, was das Wort *Schalom* alles bedeutet.

Als sie mit den Hausaufgaben fertig waren, begleitete David ihn noch zur Tür.

»Also Tschüss dann, bis morgen«, rief David.

»*Schalom* David«, verabschiedete sich Martin, »und Danke für den Teller.«

Der jüdische Kalender

Jahr und Zeit

Am nächsten Tag trafen sich die beiden Freunde wieder bei David. Nachdem sie Hausaufgaben gemacht hatten, fragte Martin: »Sag mal, David. Wie kommt es, dass Mirjam schulfrei hat?«

»Sie feiert mit uns Neujahr.«

»Im September?« Martin schaute verdutzt.

»Ja. Im jüdischen Kalender gibt es halt andere Feiertage als im christlichen Kalender. Habt ihr denn in Religion noch nichts davon gehört?«

»Hm – ich kann mich erinnern, dass ihr das Passahfest statt Ostern feiert, oder so.«

»Na, da sieht man es mal wieder. Entweder hat dir da einer etwas falsch erklärt, oder du hast nicht richtig aufgepasst. Rabbi Jesus ist wegen *Pesach* nach Jerusalem gezogen und dort umgekommen. Deswegen feiert ihr in der Zeit um *Pesach* Ostern.«

»Ich glaube, unser Religionslehrer hat uns schon die Feste erklärt. Aber ich habe vieles wieder vergessen. Da habe ich noch nicht gewusst, dass ich das mal brauchen kann. Ich habe aber behalten, dass viele Feste von uns mit euren Festen zusammenhängen. Das stimmt doch, oder?«

»Wie in vielen Religionen ist das Jahr durch Feiertage bestimmt«, erläuterte David. »Und da das Christentum aus dem Judentum hervorgegangen ist, gibt es natürlich Verbindungen. Es gibt wichtige Feiertage, an denen in Israel schulfrei ist, wie jetzt bei Mirjam. Aber es gibt auch solche Feiertage, an denen alles normal läuft.«

David holte ein kleines Büchlein heraus.

Martin schaute erstaunt auf das Buch, das David in der Hand hielt. Er konnte kaum glauben, was er sah. Es war ein Kalender. Auf ihm standen die Zahlen 2006/2007 und 5767.

»Hey – bist du Zeitreisender? Raumschiff Enterprise oder so etwas?«

David musste laut lachen.

»Klar doch, gleich beame ich dich in mein Raumschiff hoch und flieg mit dir ins Talaxianische Sonnensystem. Dort gibt es die besten intergalaktischen Hamburger, die du dir vorstellen kannst.«

Beide kringelten sich vor Lachen, so dass Mirjam einen Blick in das Zimmer wagte.

»Hey – was ist denn bei euch los?«

»Martin hat gerade den jüdischen Kalender entdeckt, den mir Ari geschenkt hat. Dort ist die jüdische Jahreszählung drauf. Jetzt denkt er, wir sind Abgesandte aus der Zukunft.«

Auch Mirjam musste lachen.

»Was du hier auf dem Kalender siehst, ist ein wichtiger Unterschied zwischen dem jüdischen Kalender und dem christlichen.«

»Gibt es zwei Kalender?«

»Du bist vielleicht einer! Es heißt doch 2006 nach Christus! Dir ist schon klar, dass es viele Religionen auf der Welt gibt? Warum sollen sich Leute daran orientieren, wann Jesus geboren ist, wenn sie keine Christen sind? Muslime, Buddhisten und andere Religionen zählen nicht die Zeit nach Christi Geburt. Sie haben einen eigenen Kalender, der mit ihrer Religion zusammen hängt. Wir jedenfalls zählen die Jahre, seit Gott die Welt geschaffen hat.«

»Äh – das war doch ein bisschen vor der Zeit, die hier steht, oder?«, widersprach Martin.

»Das Datum der Weltschöpfung liegt fest. Es ist genau 3760/3761 vor deiner Zeitrechnung. So zählt man im christlichen Jahr 2006/2007 bei uns das Jahr 5767.«

»Wie kommt man auf so ein Datum?«

»Das stammt aus der Tora.«

Martin runzelte die Stirn.

»Die Tora ist unsere Heilige Schrift. Menschen, die sich gut darin auskannten, zählten die Zeitangaben darin zusammen. Ich habe mir einen Stammbaum in der Tora mal angeschaut, wo die meisten Jahreszahlen einfach zusammenzuzählen sind. Hier ist er:

Und Adam war 130 Jahre alt und zeugte einen Sohn, ihm gleich und nach seinem Bilde, und nannte ihn Set; und lebte danach 800 Jahre und zeugte Söhne und Töchter, dass sein ganzes Alter ward 930 Jahre, und starb. Set war 105 Jahre alt und zeugte Enosch und lebte danach 807 Jahre und zeugte Söhne und Töchter, dass sein ganzes Alter ward 912 Jahre, und starb ...

Lamech war 182 Jahre alt und zeugte einen Sohn und nannte ihn Noah und sprach: Der wird uns trösten in unserer Mühe und Arbeit auf dem Acker, den der HERR verflucht hat. Danach lebte er 595 Jahre und zeugte Söhne und Töchter, dass sein ganzes Alter ward 777 Jahre, und starb. Noah war 500 Jahre alt und zeugte Sem, Ham und Jafet.

1. Mose 5

Martin schüttelte den Kopf. »Sag mal, wie alt sind die denn damals geworden?«

»Mich wundert das zwar auch, aber darum geht es hier nicht. Zähle einmal allein die Jahre zusammen, die vom ersten Menschen Adam bis zu Noah gewesen sein sollen. Es gibt übrigens viele solcher Stammbäume in der Tora. Und alle Jahre zusammen ergibt dann die Jahreszahl unserer Zeitrechnung.«

Tage – Monate – Feste

»Noch etwas. Bei uns gibt es keine Namen für die Wochentage. Nur für den Ruhetag«, berichtete David weiter. »Alle anderen Tage werden einfach durchnummeriert. Die beiden ersten Tage heißen so *Jom rischon* und *Jom scheni*, also kurz *Tag eins* und *Tag zwei*. Auch werden in unserem Kalender die Monate anders genannt. Unser erster Monat heißt *Tischri*. Er geht von September bis Oktober und hat 30 Tage. Die anderen Monatsnamen kannst du hier im Kalender nachlesen. Ich habe sie mir vorne reingeklebt, dass ich mir die Namen so besser merken kann.«

Tischri (September bis Oktober): 30 Tage
Marcheschwan (Oktober bis November): 29 bzw. 30 Tage
Kislew (November bis Dezember): 30 bzw. 29 Tage
Tewet (Dezember bis Januar): 29 Tage
Schwat (Januar bis Februar): 30 Tage
Adar (Februar bis März): 29 Tage
Nisan (März bis April): 30 Tage
Ijjar (April bis Mai): 29 Tage
Siwan (Mai bis Juni): 30 Tage
Tammus (Juni bis Juli): 29 Tage
Aw (Juli bis August): 30 Tage
Elul (August bis September): 29 Tage

David holte ein Buch aus seinem Regal und schlug eine Seite auf. Es war ein Jahreskreis zu sehen, wie ihn Martin aus der Grundschule vom christlichen Jahr her kannte. Man konnte die Monate darauf erkennen, die er eben gelesen hatte, aber auch noch andere Namen, die er zunächst nicht zuordnen konnte.

David erklärte: »Meine Eltern haben mir für die Schule ein tolles Lexikon geschenkt. Da ist auch unser Jahresfestkreis drin.«

»Ich kenne so etwas auch für die christlichen Feste. Aber auf dem Bild sehe ich kein Fest, das ich kenne«, sagte Martin und schaute grübelnd auf den Jahresfestkreis.

»Wo ist hier eigentlich euer Neujahrsfest?«

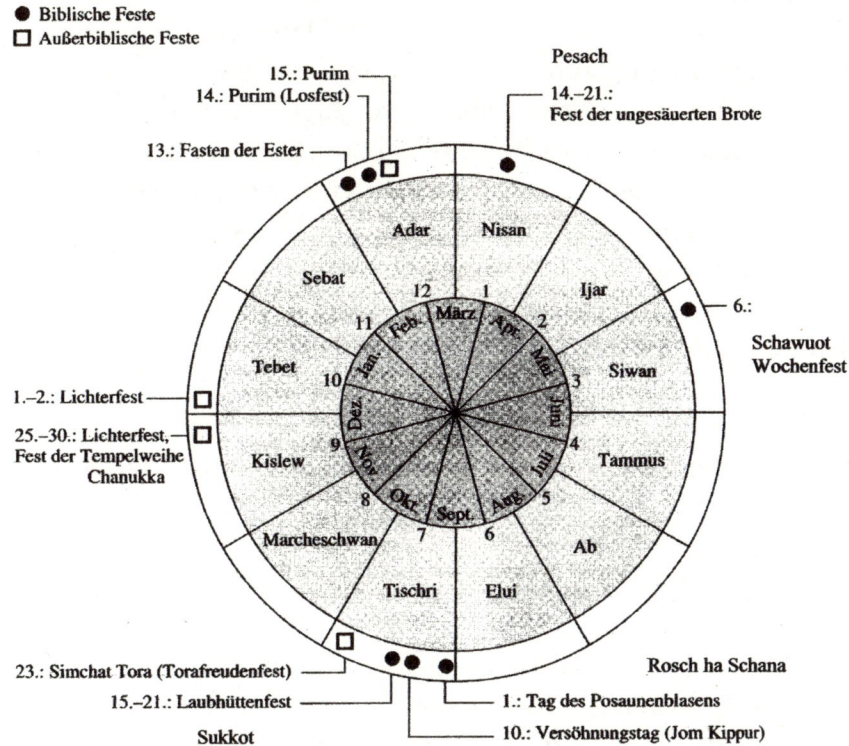

Mirjam kam nun hinzu und zeigte auf eine Stelle im Jahresfestkreis. »Wie du gehört hast beginnt unser Jahr mit dem Monat *Tischri*. Am ersten Tag von *Rosch ha Schana* ist der Tag des Posaunenblasens ...«

Neujahr – Rosch ha Schana

»*Rosch* was?« fragte Martin.

»Unser Neujahrsfest nennen wir *Rosch ha Schana*. Das heißt einfach *Kopf* oder auch *Anfang des Jahres*«, erklärte Mirjam weiter. »Neujahr feiern wir im Herbst. Dafür gibt es einen einfachen Grund.

Im Herbst wurde die letzte Ernte im Jahr eingefahren. Da unsere Vorfahren Bauern und Viehhirten waren, war für sie das Erntejahr wichtig. Mit der letzten Ernte war das alte Jahr für Bauern vorbei und ein neues Jahr begann. So ist es logisch, dass sie im Herbst sagten: ›Jetzt geht etwas Neues los‹. Außerdem erinnern wir uns am ersten Tischri an die Erschaffung Adams. Damit fing ja alles an.«

Martin schaute ungläubig, aber Mirjam fuhr unbeirrt fort.

»Das Neujahrsfest selbst dauert zwei Tage. Aber im Unterschied zu eurem Neujahr gibt es bei uns keine großen Partys. Wir feiern *Rosch ha Schana* eher ernst. Die Neujahrstage sind dafür da, dass wir über uns nachdenken. Man soll überlegen, was man alles falsch gemacht hat. Ohne Schulden und ohne Krach sollen wir in das neue Jahr gehen. So ist auch Hoffnung mit dem Fest verbunden. Es soll ja schließlich alles im neuen Jahr besser werden.«

David holte etwas aus dem Regal.

»Sieh mal her. Hier ist ein *Schofar,* unser Symbol für *Rosch ha Schana*«

»Ein was ...?«

»Das ist ein Widderhorn«, erklärte David. »Man bläst es zu Neujahr.«

David blies darauf und brachte einen durchdringenden, schrillen Ton heraus. Er erklärte: »Mit diesem Ton werden wir gut hörbar daran erinnert, dass wir jetzt am Übergang zum neuen Jahr stehen.

Das Widderhorn als Zeichen erinnert übrigens an eine Geschichte von Abraham und Isaak, die in der Tora steht. Abraham sollte seinen Sohn Isaak opfern. So ging er mit ihm zu einem Hügel. Dort baute er einen Opferalter. Aber Gott sagte zu ihm: ›Du hast Vertrauen zu mir – du brauchst deinen Sohn nicht zu opfern.‹ Statt seines Sohnes opferte Abraham einen Widder. Daher das Widderhorn.«

Martin war erstaunt. Von Abraham hatte er viele Geschichten in der Grundschule gehört, aber diese Geschichte kannte er nicht.

»Zu einem richtigen Neujahrsfest gehören für mich auch die Süßigkeiten, die meine Mutter macht«, erzählte Mirjam weiter.

»Sie macht super Apfelringe mit Honig, die es bei uns traditionell nur an *Rosch ha Schana* gibt. Mal sehen, vielleicht schaffe ich es ja, für dich welche beiseite zu legen. Aber dazu darf David nicht alle wegessen, wie er es letztes Jahr getan hat. Da hat nicht einmal mein Vater welche abbekommen.«

Mirjam schaute streng zu David herüber und der bekam einen roten Kopf.

Jom Kippur

»Übrigens: *Jom Kippur* müssen wir wieder zu Hause sein«, seufzte Mirjam.

»*Jom Kippur?*«

»Das bedeutet *Tag der Versöhnung*. Das *Versöhnungsfest* wird bei uns zehn Tage nach Neujahr gefeiert. Viele Juden beten und fasten an diesem Tag. Es wird nicht gearbeitet. Viele tragen bei uns in Israel an *Jom Kippur* weiße Kleidung und verzichten auf Lederschuhe«, ergänzte Mirjam. »Die Kleidung soll so einfach wie möglich sein. Auch die Synagoge wird weiß geschmückt.

Obwohl an dem Tag eigentlich Ruhe und Besinnung sein sollte, läuft in vielen Häusern in Israel aber den ganzen Tag das Radio oder der Fernseher. Der Grund ist, dass einige Nachbarländer wie Ägypten und Syrien 1973 Israel am *Jom Kippur* überfallen haben und es

Krieg gab. Viele hatten ihr Radio nicht an und so dauerte es lange, bis unsere Soldaten bei ihrer Einheit waren.

Wie an Neujahr denken wir am *Versöhnungsfest* darüber nach, was wir falsch gemacht haben. An dem Tag versuchen wir, uns mit Gott und den Mitmenschen zu versöhnen.

Am Abend vor dem *Versöhnungstag* feiern wir einen Gottesdienst. In ihm beten wir das *Kol Nidre*, was soviel wie *Alle Gelübde* bedeutet. Wir bitten darum, von allen nicht gehaltenen Versprechen gegenüber Gott entbunden zu werden. Am Ende wird dann wieder das *Schofar* geblasen.«

Martin überlegte sich: ›Wann denken wir eigentlich über Versprechen nach, die wir nicht gehalten haben?‹

David erklärte weiter: »In der Tora wird übrigens eine Geschichte erzählt, dass man früher am Versöhnungstag einem Bock die ganzen Sünden des Volkes symbolisch aufgeladen und in die Wüste geschickt hat. Daher kommt der Ausdruck *Sündenbock* und *In die Wüste schicken*«.

Mirjam sagte mürrisch: »Ich bin jedenfalls froh, wenn *Jom Kippur* vorbei ist. Man soll da den ganzen Tag ernst bleiben. Das liegt mir nicht so sehr.«

David und Martin nickten überdeutlich und grinsten sich an. Mirjam warf den beiden einen bösen Blick zu, doch dann begannen alle drei, herzlich zu lachen.

In den nächsten Tagen unternahmen sie noch einiges miteinander. Sie gingen zusammen ins Planetarium und ins Kino. Martin mochte die besonnene Art von David und die provozierenden Sprüche von Mirjam. David hingegen war froh, nicht immer nur der Alleinunterhalter für seine Cousine sein zu müssen. Er mochte sie zwar sehr, aber sie konnte auch sehr anstrengend sein, besonders wenn sie anfing, stundenlang etwas vorzutragen.

30

Mirjam hatte Martin, wie versprochen, ein paar Apfelringe von *Rosch Ha Schana* beiseite gelegt. Am Tag bevor sie mit ihren Eltern nach Hause flog, saßen die drei am Wasserturm beisammen. Martin naschte die Süßigkeit und kommentierte: »An diese Apfelringe kann man sich echt gewöhnen.«

Mirjam rückte ein wenig näher und sagte: »Weißt du was? Ich werde dir im Laufe des nächsten Jahres immer wieder schreiben, wenn wir ein Fest feiern. Und du kannst mir ja auch mal schreiben. Was hältst du davon?«

Martin lächelte Mirjam an. »Ich würde mich sehr darüber freuen«, sagte er. Allerdings hatte er dabei auch ein ungutes Gefühl. Er selbst war kein geübter Briefschreiber. Jede Zeile fiel ihm schwer. ›Hoffentlich ist Mirjam nicht zu sehr enttäuscht von mir, wenn ich nur Blödsinn schreibe‹, dachte er sich.

Sukkot und Simchat Tora

Mirjam war inzwischen wieder in Haifa. Wenige Tage nach ihrer Rückreise gab es das nächste Fest im jüdischen Jahr. Martin hatte von David erzählt bekommen, dass das *Laubhüttenfest* anstand. Er wusste bereits, dass dies Mirjams Lieblingsfest war. Daher war er besonders auf den Brief gespannt, den er nun von Mirjam erhalten würde.

Als Martin wenige Tage später nach Hause kam, entdeckte er gleich den Luftpostbrief mit der Briefmarke aus Israel. Seine Mutter rief aus der Küche: »Hallo Martin, da ist wohl ein Brief von deiner kleinen Freundin Mirjam?«

Martin wurde rot, warf seinen Schulranzen in die Ecke und stürmte in sein Zimmern. Er warf sich auf sein Bett, öffnete ungeduldig den Brief und begann zu lesen.

Schalom Martin,

ich freue mich sehr, dass wir uns kennen gelernt haben.

Ich bin auch froh, dass David endlich jemanden mit einem guten Einfluss auf ihn hat. Er ist manchmal halt noch ein Kindskopf.

Martin musste lachen. ›Den Brief zeige ich David besser nicht‹, dachte er.

Ich habe Dir ja versprochen, immer zu schreiben, wenn bei uns ein Fest gefeiert wird. Jetzt ist es wieder so weit.

Wir feiern gerade mein Lieblingsfest. Es heißt Sukkot.

Sukkot bedeutet Laubhütten. Daher wird es auch Laubhüttenfest genannt. Das Fest war ursprünglich ein Erntefest.

In dieser Zeit ist der Abschluss der Wein- und Obsternte. Man dankt Gott für die Ernte am Ende des Jahres. Früher machte man übrigens zu diesem Fest eine Wallfahrt nach Jerusalem.

Sukkot ist ein sehr fröhliches Fest und wir haben einen Riesenspaß. In unserem Garten bauen wir eine Hütte aus Holzbrettern, Laub, Zweigen und Palmwedeln.

Es ist immer ein riesiges Drama bis die Hütte steht. Mein Vater hat zwei linke Hände, aber irgendwie bekommt er es doch hin. Wenn die Laubhütte fertig ist, schmücke ich sie mit Blumen. Hier ist ein Bild von der Laubhütte, die mein Vater gerade gebaut hat.

Sukkot und Simchat Tora

Früher wohnten wir in einer Hochhauswohnung. Da haben wir es uns auf dem Balkon gemütlich gemacht. Zwischen den Hochhäusern gab es auch eine Gemeinschaftshütte auf der Grünfläche. Das war auch schön, mit allen Nachbarn zusammen zu feiern.

Wenn wir unsere Hütte herrichten, achten wir darauf, dass man nachts durch das Dach die Sterne sehen kann. Es macht richtig Spaß, wenn wir in der Hütte übernachten.

An Sukkot feiern wir auch einen Gottesdienst. Dabei halten wir einen Feststrauß in der Hand. Wir nennen ihn Lulaw. Der Strauß wird aus Weiden- und Palmenzweigen, aus Myrthen und einer Zitrusfrucht gemacht. Er soll ein Symbol dafür sein, dass wir alle zusammen gehören.

Mein Vater erklärte mir einmal, warum wir das Fest feiern. Es erinnert an die Zeit, als die Israeliten in der Wüste waren. Vierzig Jahre mussten Mose und das Volk Israel durch die Wüste wandern, bis sie ins gelobte Land kamen. Auch in der Tora wird das Laubhüttenfest erwähnt.

Darin steht:

Ihr sollt am ersten Tage Früchte nehmen von schönen Bäumen, Palmwedel und Zweige von Laubbäumen und Bachweiden und sieben Tage fröhlich sein vor dem Herrn, eurem Gott, und sollt das Fest dem Herrn halten jährlich sieben Tage lang ...

Sieben Tage sollt ihr in Laubhütten wohnen. Wer einheimisch ist in Israel, soll in Laubhütten wohnen, dass eure Nachkommen wissen, wie ich die Israeliten habe in Hütten wohnen lassen, als ich sie aus Ägyptenland führte.

3. Mose 23

Am Ende von Sukkot feiern wir Simchat Tora, das Fest der Gesetzesfreude. Wir Kinder basteln für das Fest Fähnchen mit Tora-Symbolen und dekorieren das obere Ende des Fähnchens mit Apfelstücken. Wenn wir in die Synagoge gehen, dann tanzen dort alle und singen fröhlich. Die Tora-Rollen werden herausgeholt und um das Lesepult getragen. Die Kinder laufen dann hinter den Erwachsenen her und schwenken ihre Fähnchen.

So ausgelassen erlebe ich die Leute in der Synagoge sonst nie. Man wirft sogar mit Bonbons nach uns Kindern und wir dürfen sie dann essen. Als ich dies zum ersten Mal sah, habe ich wohl etwas komisch dreingeschaut. Da kam der Rabbiner zu mir und sagte: »Mädchen, was schaust du so? Die Tora ist eine Quelle der Freude. Warum sollen die Menschen dann nicht so ausgelassen ihre Freude zeigen? Komm, mach mit!«

So tanzte ich auch mit den Erwachsenen in der Synagoge herum. Es war einfach toll.

So, lieber Martin, ich gehe jetzt mal die Blumen für die Laubhütte

34

sammeln. Jedenfalls wünsche ich Dir alles Gute und sage meinem Cousin einen herzlichen Gruß von mir,

Deine Mirjam

PS. Ich schreibe Dir wieder zu Chanukka.

Martin legte den Brief in eine Schublade. Wie anders war doch die Welt, in der Mirjam lebte. Aber er freute sich, bald mehr von dieser Welt kennen zu lernen.

Chanukka

Martin war über Wochen gespannt auf das nächste Lebenszeichen von Mirjam. Er hatte die Grüße an David ausgerichtet, nicht ohne dass ein verschmitztes Lächeln über das Gesicht seines Freundes kam. Als Martin danach fragte, was *Chanukka* eigentlich sei, sagte David bloß: »Lass dich überraschen. Du hast doch eine gute Lehrerin.«

Es wurde Winter und der erste Schnee fiel. David und Martin konnten nicht mehr Basketball spielen und so verbrachten sie mehr Zeit im Haus. Mitte Dezember kam endlich der lang ersehnte Luftpostbrief aus Haifa.

Schalom Martin,

ich hoffe, es geht Dir gut und Du langweilst Dich nicht so sehr ohne mich.

Martin schmunzelte.

Ich habe dir ja versprochen, zu Chanukka wieder zu schreiben. Wenn wir im Winter das Chanukka-Fest feiern, dann muss ich an Euch denken.

Ihr habt Weihnachtsferien. Aber Chanukka, unser Lichter-Fest, ist in Israel kein offizieller Feiertag und so haben wir nicht frei.

Chanukka bedeutet übrigens Einweihung. Das Fest dauert insgesamt acht Tage. Zeichen für das Fest ist der neunarmige Leuchter. An jedem der acht Tage wird abends jeweils ein Licht mehr an dem Leuchter angezündet. Der neunte Arm ist der Diener, der Schammes, an dem die anderen Kerzen angesteckt werden.

Die Lichter erinnern daran, dass Gott uns Menschen immer wieder geholfen hat. Ich lege dir ein Foto von einem Chanukka-Leuchter bei. Der steht übrigens in der Synagoge in Worms:

Der Leuchter erinnert an eine Geschichte, die um das Jahr 167 vor eurer Zeitrechnung geschehen ist. Soldaten des Königs von Syrien eroberten das Land. Sie hatten keinen Respekt vor den Heiligtümern und den religiösen Gewohnheiten der Juden. Die Soldaten drangen in den Tempel von Jerusalem ein und stellten Götterfiguren auf. Dadurch wurde der Tempel entweiht. Das machte viele Menschen wütend.

Sie organisierten den Widerstand gegen die Eroberer. Anführer der Aufständischen war Judah Makkabi. Nach einem langen Kampf konnte er die Syrer vertreiben.

Makkabi meint übrigens Hammer. Auch heute noch ist der Name Makkabi bei uns sehr gebräuchlich. Besonders Sportvereine nennen sich gerne so.

Ich bin übrigens Fan von Maccabi Tel-Aviv.

Das ist der beste Fußball-Club in Israel. Er spielt auch in der europäischen Liga.

Martin sah den Aufkleber mit dem Symbol des Clubs.
Er erinnerte sich – haben die nicht sogar in der Champions-League gespielt?
Gespannt las er weiter.

Und nun die Geschichte von Chanukka.

Als das Land wieder zurückerobert war, musste der Tempel neu geweiht werden. Dazu brauchte man geweihtes Öl. Nur mit einem solchen Öl durften die Leuchter im Tempel brennen, sonst würde der Tempel noch mehr verunreinigt.

Das Problem war: Ein solches Öl musste erst hergestellt und geweiht werden. Das war ein ziemlich komplizierter Vorgang, bei dem viele Gebete und besondere Handlungen nötig waren. Normalerweise dauert das viele Tage.

In einem Versteck fand man einen kleinen Krug mit Öl. Das war noch geweiht und konnte zumindest eine kurze Zeit verwendet werden. Man zündete also mit dem Öl die Leuchter im Tempel an und ein Wunder geschah: Die Lichter brannten acht Tage durchgehend, bis das neue Öl geweiht war.

Heute gibt es an Chanukka übrigens häufig Geschenke, wie es bei Euch an Weihnachten üblich ist. Als David noch kleiner war, hatte ich ihm mal eine Figur von Judah Makkabi geschenkt. Er hat sich riesig gefreut und lange mit der Figur gespielt. Sprich ihn einmal darauf an ...

Chanukka

In Israel spielen wir an Chanukka ein Spiel. Es heißt Dreidel.

Für ein Dreidel-Spiel brauchen wir einen Dreidel. Das ist so etwas wie eine Mischung aus Kreisel und Würfel, der gedreht wird. Vier hebräische Buchstaben stehen an den Seiten:

Nun   für das Wort Ness.

Gimmel   für das Wort Gadol.

He   für das Wort Haja.

Schin   für das Wort Scham.

Zusammen bedeuten die vier Buchstaben:

Ein großes Wunder geschah dort.

Man legt einen Einsatz auf den Tisch. Das sind bei uns meist Nüsse oder Trauben. Wer Glück hat und den richtigen Buchstaben erwischt, der darf den Einsatz behalten.

Das Spiel sollen übrigens Juden in Deutschland erfunden haben. Die Buchstaben bedeuten ursprünglich wohl:

Nichts – Ganz – Halb – Stell ein.

Jedenfalls darf man bei N nichts nehmen, alles bei G, nur die Hälfte bei H und bei Sch muss man einen Einsatz in die Mitte legen.

So, lieber Martin, das war es von meiner Seite.

Ich würde mich riesig freuen, wenn Du mir auch mal einen Brief schreiben würdest. Vielleicht kannst Du mir ja gelegentlich den Sinn von Weihnachten erklären? So ganz habe ich das nicht kapiert, worum es da geht. Wie hängen Jesus, das Christkind, der Weihnachtsmann und der Weihnachtsbaum miteinander zusammen?

Bis bald,

Deine Mirjam

Martin begann zu schwitzen. Darüber hatte er sich noch keine Gedanken gemacht. Wen er da wohl fragen könnte?

Jedenfalls schnappte er sich gleich seinen Lieblingsritter, den er vor Jahren zu Weihnachten geschenkt bekam, und machte sich auf den Weg zu David. Als der die Tür öffnete, bekam er einen großen Ritter mit Schwert vor die Nase gehalten:
    »Hallo. Ich bin Kunibert, der beste Kämpfer aller Zeiten. Wohnt hier Judah, der Hammer?«

David lachte lauthals.
    »Wer hat dir denn von dem erzählt?«
    »Mirjam hat mir einen Brief geschrieben.«
    Die beiden gingen ins Zimmer und David holte seinen Judah aus dem Schrank.

Purim

Martin hatte mit viel Mühe Mirjam einen Brief über Weihnachten geschrieben. Aber er fühlte sich nicht wohl dabei. So richtig kannte er sich nicht aus und seine Eltern konnten da auch nicht sehr viel helfen.

Zu Silvester blieb David bei Martin zum ersten Mal über Nacht. Sie feierten und durften ein paar Knaller anzünden.

Ungeduldig wartete Martin auf den nächsten Brief. Immer wieder fragte er David, wann es das nächste Fest gäbe. Doch David machte sich einen Spaß daraus, seinen Freund zappeln zu lassen. Knapp acht Wochen nach Chanukka erhielt er endlich wieder einen Brief von Mirjam. Diesmal erzählte sie ihm von *Purim*.

Schalom Martin,

vielen Dank für Deinen Weihnachtsbrief. Vielen Dank auch, dass du mir die Weihnachtsgeschichte erklärt hast.

Aber etwas ist mir noch nicht ganz klar. Wer ist eigentlich der alte Mann mit dem langen Bart und dem roten Pelzmantel? Der sieht doch gar nicht aus wie ein Bischof? Aber das kannst Du mir sicher ein andermal erklären.

Wieder begann Martin zu schwitzen. »Wenn ich mich doch besser auskennen würde!«, dachte er.

Bei uns ist in wenigen Tagen ein anderes Fest, das ich gerne feiere. Es heißt Purim. Pur bedeutet in der persischen Sprache Los.

An Purim verkleiden wir uns, wie ihr das wohl an Fastnacht macht. Meine Eltern gehen gerne auf einen Maskenball. Auf dem werden Reden gehalten und besonders Politiker veralbert.

Bei uns in Haifa gibt es einen Festumzug auf der Straße. Da darf man so richtig Lärm machen. Der Grund für den Lärm ist: Das Fest erinnert an die Geschichte der Königin Ester. Das Buch Ester gehört zu unseren Heiligen Schriften. Am Purim-Fest wird diese Geschichte aus der Ester-Schriftrolle vorgelesen. Jedes Mal, wenn der Name Haman genannt wird, machen wir Lärm, auch im Gottesdienst. Ich weiß nicht, ob du die Geschichte der Königin Ester kennst. Daher werde ich sie dir kurz erzählen:

Vor über 2000 Jahren haben viele Juden in Persien gelebt. Heute heißt das Land Iran. Der König von Persien hatte viele Frauen. Eine davon war Ester, eine Jüdin. Aber die Juden hatten nicht nur Freunde in dem Land. Es gab einen Minister, der hieß Haman. Er stachelte den König gegen die Juden im Land auf. Esters Onkel Mordechai erzählte ihr von Hamans Plänen und bat sie um Hilfe. Alle Juden im Land sollten sterben. Durch ein Los, daher der Name Purim, wurde der Tag festgelegt, an dem alle umkommen sollten. Aber Ester setzte sich beim König für ihr Volk ein und deckte die Verschwörung gegen die Juden auf. Da wurde der König böse auf seinen Minister Haman und der wurde zum Tode verurteilt.

Um an die Gefahr zu erinnern, fasten manche Leute am Tag vor Purim. Und um den Namen vom bösen Haman auszulöschen, dürfen Kinder mit Ratschen und Rasseln viel Lärm machen, immer wenn der Name an dem Fest ausgesprochen wird. Ich liebe das!

Zu Purim gehört für mich auch das Festessen. Besonders freue ich mich auf die Haman-Taschen. Das sind Teigtaschen mit einer süßen Füllung. Am liebsten habe ich welche mit Mohn und Honig. Hier ist das Rezept:

Die Zutaten für den Teig sind:

2 ½ Tassen Mehl

½ Tasse Zucker

2 Eigelb

¼ Tasse Milch

1 EL Vanilleextrakt

1 EL geriebene Zitronenschale

200 g kalte Margarine

Alle Zutaten musst du zusammen kneten und Margarine dazugeben. Den Teig gibst du auf eine bemehlte Arbeitsfläche, formst Kugeln daraus und drückst sie flach. Dann wickelst du sie in eine Folie und lässt sie im Kühlschrank fest werden.

Die Zutaten für eine Mohn-Honig-Füllung sind

½ Tasse Zucker
1 EL Honig
¼ Tasse Wasser
1 Tasse Mohnsamen
2 EL Zitronensaft
1 EL abgeriebene Zitronenschale

Zucker, Honig und Wasser kochst du in einem Topf, bis der Zucker schmilzt. Den Mohn rührst du unter, gibst Zitronensaft dazu und lässt das Ganze abkühlen.

Dann heizt du den Backofen auf etwa 190°.

Den Teig musst du ausrollen und mit einem etwa fünf cm großen Ausstecher so viele Kreise wie möglich ausstechen. Auf jedes Teigstück wird etwas Mohnfüllung in die Mitte gegeben. Die Ränder musst du an drei Stellen nach oben ziehen, um ein Dreieck zu formen, und dann die Ränder zusammendrücken.

Die Teigdreiecke legst du dann auf ein eingefettetes Backblech, backst das Ganze etwa 15 Minuten und lässt es anschließend abkühlen.

So sehen die Haman-Taschen aus:

Lieber Martin,

zu Pesach schreibe ich Dir nicht. Das soll Dir David mal alles erzählen. Ich werde ihm gleich einen Brief schreiben.

Sei herzlich gedrückt!

Deine Mirjam

Martin nahm den Brief, ging zu seiner Mutter und fragte sie, ob sie mit ihm zusammen einmal ein neues Rezept ausprobieren wolle. Die schaute sich die Zutatenliste an und meinte: »Das bekommen wir schon hin.«

Am nächsten Tag fragte Martin seinen Freund, wie er denn Purim feiert.

»Ich feiere einfach Fasching mit. Aber ich hole auch meine Purim-Ratsche heraus und mache Lärm. Besonders wenn bei uns die Ester-Geschichte gelesen und Haman genannt wird.«

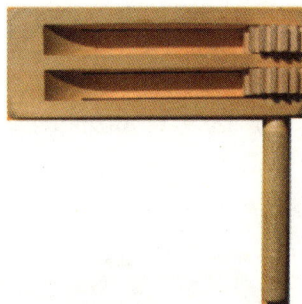

Martin holte eine Plastikdose aus seiner Schultasche und sagte: »Ich habe hier etwas.«

David rief überrascht: »Hey, das sind ja Haman-Taschen! Wo hast du die denn her?«

»Selbst gemacht, nach einem Rezept von Mirjam.«

David grinste seinen Freund breit an und ließ sich eine Haman-Tasche schmecken.

Pesach

David hatte natürlich von Mirjam eine schriftliche Anweisung erhalten, Martin in das Pesach-Fest einzuführen.

Am Tag vor Pesach lud er Martin für eine »besondere Aktion« ein, wie er es nannte. Davids Mutter musste lachen, als Martin in der Tür stand. Sie konnte nur sagen:

»Da hat dich David aber schön drangekriegt.«

David erklärte ihm: »Heute machen wir die Wohnung sauber. Wir suchen besonders die ganze Wohnung und alle unsere Kleidungsstücke nach Nahrungsresten wie zum Beispiel Brotkrumen ab.

Du kannst mir in meinem Zimmer dabei helfen!«

Martin schaute erstaunt seinen Freund an und der ergänzte:

»Ich soll dir doch das mit *Pesach* erklären – das ist halt das erste, was wir für *Pesach* machen.«

Als sie mit dem Saubermachen fertig waren, sammelte David seine Gedanken. An *Pesach* hatte er viele und schöne Erinnerungen. Er begann: »*Pesach* ist eines unserer wichtigsten Feste. Der Name bedeutet *Vorübergehen*. Das Fest liegt im Monat Nisan, also im März oder April, und dauert eine Woche.

Am Abend zu Beginn von *Pesach* besuchen wir die Synagoge. Zuhause wird dann der *Seder-Abend* gefeiert. *Seder* heißt *Ordnung*. Den Namen hat dieser Abend deswegen bekommen, weil er jedes Jahr gleich ist und immer nach derselben Ordnung abläuft.

Der *Seder-Abend* wird von der Frau des Hauses eröffnet, die die Kerzen anzündet. Um der Ordnung folgen zu können, bekommt jeder ein kleines Heft. Das ist die *Pesach-Haggada*. *Haggada* bedeutet Erzählung. Sie hilft uns, dass wir den Abend immer gleich gestalten, auch wenn die Erwachsenen natürlich genau wissen, wie der Abend abläuft.«

David holte ein Heft aus einer Schublade.

Die
Pessach~Haggadah.

Martin sah auf der Titelseite des Heftes ein Bild. Es erinnerte ihn an die Mosegeschichte, die er in der vierten Klasse durchgenommen hatte.

David erklärte weiter: »Also: Am Sederabend setzen sich erst einmal alle an den Tisch. Ein Stuhl wird immer frei gehalten. Er ist für den Propheten Elija bestimmt, von dem wir glauben, dass er irgendwann wiederkommen wird.

Am wichtigsten sind an dem Abend die Fragen, die der jüngste Junge stellen darf.«

David schlug seine Pesach-Haggada auf.

»Ich beginne mit der Frage:

Wodurch unterscheidet sich diese Nacht von anderen Nächten?

Mein Vater antwortet darauf mit der Erzählung, wie Mose die Israeliten aus Ägypten herausgeführt hat.

Als zweites frage ich:

An allen Abenden essen wir gesäuertes Brot.

Warum essen wir an diesem Abend nur ungesäuertes Brot?

Mein Vater antwortet:

Wir mussten eilig aus Ägypten fliehen und es war keine Zeit mehr, den Teig zu säuern und ihn aufgehen zu lassen.

Die dritte Frage lautet:

Warum essen wir an allen anderen Abenden verschiedene Kräuter und an diesem Abend nur bittere Kräuter, die wir in Salzwasser tunken?«

Vater antwortet hierauf:

Unsere Väter hatten es bitterschwer in Ägypten. Sie wurden zu Sklavenarbeit gezwungen und weinten bittere Tränen. Und Tränen schmecken nach Salz.

Meine vierte und letzte Frage lautet:

An allen anderen Abenden essen wir sowohl aufrecht sitzend als auch angelehnt.

Warum lehnen wir uns in dieser Nacht alle an?

Vater sagt dann:

Das Anlehnen ist ein Zeichen der Freiheit, in die uns Mose aus der Sklaverei geführt hat. Das Meer wandte sich zurück und unser Volk war gerettet.

Nicht uns, Herr, nicht uns, sondern deinem Namen gib Ehre um deiner Gnade und Treue.

Schließlich sagt Vater:

Wir warten auf den Propheten Elija.

Sein Weinbecher in der Mitte des Tisches ist gefüllt.

Kind, öffne ihm die Zimmertür.

Dann öffne ich die Tür. Am Ende spricht Vater ein Tischgebet aus den Psalmen.

Danket dem Herrn, denn er ist freundlich.

Ewig währet seine Gnade.

So soll Israel sprechen: Ewig währet seine Gnade.

Zum Abschluss trinken wir noch einmal einen Becher Wein und sagen:

Nächstes Jahr in Jerusalem.«

Martin schaute nachdenklich.

»Etwas muss ich dir noch erklären«, sagte David weiter. »Auf dem Tisch stehen verschiedene Speisen, die uns an die ägyptische Sklaverei und die Rettung erinnern. Hier, beim letzten Pesach habe ich ein Foto gemacht.«

»Was da alles auf den Tellern liegt, erkläre ich dir gleich.

Siehst du den Wein? Vier Mal soll an dem Abend ein gut gefüllter Becher Wein gelehrt werden.«

Martin lächelte seinen Freund an und der ahnte, was er dachte. David erklärte unbeirrt weiter.

»Vater spricht ein Gebet, das wir *Kiddusch* nennen. Wenn wir aus dem Becher trinken, dann lehnen wir uns an der Rückenlehne des Stuhls links an, wie du bei meiner vierten Frage gehört hast. Das ist ein Zeichen für die Freiheit, die wir nie mehr verlieren wollen.

Auf einem Teller liegen *Mazzen*. Das sind dünne Brotfladen, die leicht brechen. Ihr Teig wurde ohne Sauerteig gemacht, wie es sonst bei Brot üblich ist. Wegen diesem Brot heißt *Pesach* auch *Fest der ungesäuerten Brote.*

Während der gesamten Festzeit darf man kein Brot essen, das mit Sauerteig gemacht wurde, sondern nur diese *Mazzen*. Wir brechen die *Mazzen*, bevor wir sie essen. Das erste gebrochene *Mazzenstück* nennen wir *Afikoman*. Es wird von den Eltern versteckt. Am Ende dürfen die Kinder das Stück suchen. Wenn sie es finden und wieder hergeben, dann bekommen sie ein kleines Geschenk.«

»Backt deine Mutter die *Mazzen* selbst?«

»Nein. Wir lassen sie uns von Onkel Ari aus Israel mitbringen oder fahren ins Elsass nach Straßburg. Vor vielen Jahren gab es so viele Juden in Deutschland, dass es auch viele jüdische Bäcker gab. Warte einmal, ich hole ein Bild ...

Das Foto hab ich in Neustadt gemacht. Dort steht das *Haus des Mazzenbäckers*. Es gibt dort zwar keinen Bäcker mehr, aber über der Tür ist ein Steinbild mit einer *Mazze* zu sehen.«

Martin schaute sich das Foto an.

»Inzwischen gibt es *Mazzen* in den großen Supermärkten, dort wo Knäckebrot liegt. Allerdings sind die nichts für *Pesach*. Das sind

Diät-Mazzen. Aber sie schmecken ähnlich wie die, die wir zu *Pesach* essen. Wir waren gestern welche einkaufen. Du kannst später mal eine probieren. Vorher will ich dir noch etwas zeigen.«

David ging zum Wohnzimmerschrank und holte einen Teller heraus.

»Auf dem Teller kannst du wichtigsten Speisen sehen, die wir zu Pesach essen.«

David deutete auf den Teller.

»Das sind *bittere Kräuter, Maror* genannt. Die erinnern an die bittere Zeit in der Sklaverei. Wir essen oft Meerrettich oder Lauch.

Das *Fruchtmus,* das *Charoset,* macht meine Mutter aus Äpfeln mit Nüssen und Rosinen. Es erinnert an den Lehm der Lehmziegel, die die Israeliten in Ägypten machen mussten.

Der *Lammknochen,* der erinnert an das Lamm, das in der letzten Nacht in Ägypten geopfert wurde.

Ein *hart gekochtes Ei* ist Zeichen für die harten Zeiten und die Trauer. Besonders denken wir dabei auch an die Zerstörung des Tempels in Jerusalem.

Grüne Kräuter oder frisches Gemüse wie Petersilie oder Sellerie sollen an die karge Mahlzeit der Sklaven erinnern, aber auch an die Hoffnung, die uns nie verlassen soll.

Salzwasser erinnert an die Tränen der Menschen in der Sklaverei.

Die Speisen auf dem Seder-Teller bleiben in der Mitte liegen. Wir essen die gleichen Nahrungsmittel von extra Schüsseln oder meine Mutter legt sie auf unsere Teller. *Grüne Kräuter* wie Petersilie, Sellerie oder anderes gekochtes Gemüse tauchen wir in das *Salzwasser.* Die *Bitterkräuter* tunken wir in das *Fruchtmus.* Die *Mazzen* bestreichen wir mit Meerettich. Wenn er frisch gerieben ist, dann schmeckt er ziemlich scharf.

Das alles hört sich für dich vielleicht komisch an, aber für mich ist es ein ganz besonderer Geschmack, den ich nie vergesse. Wenn ich die Augen zumache, dann glaube ich, schmecken und riechen zu können, wie es den Leuten in Ägypten damals so gegangen ist.

Zum Abschluss beten wir miteinander Psalmen. Dann wird das versteckte *Mazzenstück* gesucht und als Nachtisch gegessen. Damit soll man noch lange den Geschmack von *Pesach* im Mund haben.«

»Jetzt bin ich aber auch gespannt«, sagte Martin mit einem Seitenblick in Richtung Küche. David holte eine Packung der *Diät-Mazzen.* Er öffnete die Pappschachtel und die Plastikumhüllung, holte eine Scheibe heraus und brach es an der perforierten Linie.

Beide steckten sich ein Stück in den Mund.

»Hey – schmeckt gut«, sagte Martin und David lächelte zufrieden.

Schawuot

Die Wochen vergingen. Es war kurz vor Pfingsten, als Martin wieder einen Brief von Mirjam erhielt. Er hatte ein schlechtes Gewissen, weil er ihr nicht geschrieben hatte.

Martin hatte ein paar Tage frei, und das tat ihm auch gut. Er und David hatten alle Hände voll zu tun. Die Schule war kein Zuckerschlecken. Sie mussten viele Englischvokabeln lernen, und auch Mathe wurde immer anspruchsvoller. Aber es gab auch etwas Erfreuliches. Die Briefe von Mirjam hatten ihm aber eine gute Note in Religion beschert. Als der Religionslehrer das Kirchenjahr durchnahm, konnte Martin damit glänzen, dass er das religiöse Jahr im Judentum erklären konnte. Gleichzeitig nahm er auch alle Informationen zu den Festen der eigenen Religion besser auf, was ihm eine Eins im Test einbrachte.

Nun sah Martin wieder auf der Ablage im Flur einen Luftpostbrief. Ein gutes Gefühl stieg in ihm auf. Er ging in sein Zimmer, legte sich aufs Bett und öffnete den Brief.

Schawuot

Schalom Martin,

da bin ich wieder. Ich hoffe, es geht Dir gut!

David hat mir geschrieben, dass er Dir einiges über Pesach erzählt hat. Aber du musstest ihm auch beim Saubermachen helfen? Das sieht David ähnlich!

Jetzt haben wir sieben Wochen nach Pesach. Da feiern wir ein Fest, das wir Schawuot nennen. Schawuot bedeutet Wochen – daher der Name Wochenfest.

Wie Pesach ist auch Schawuot eines der drei großen Wallfahrtsfeste. Weil in dieser Jahreszeit die ersten Feldfrüchte geerntet wurden, war das Fest als Dankfest entstanden. Deshalb schmücken wir hier in Israel an Schawuot auch heute noch die Häuser mit Zweigen und Blumen.

An dem Fest denken wir im Gottesdienst daran, dass Moses für sein Volk von Gott die Gebote bekommen hat. So werden besonders die Zehn Gebote besprochen.

Auch wird die Geschichte von Rut an Schawuot vorgelesen. Kennst du sie? Ich finde diese Geschichte furchtbar unromantisch. Rut war eine Frau aus dem Ausland, die mit ihrer jüdischen Schwiegermutter nach Israel ging. Die Männer der Frauen waren gestorben. In Israel wollte nun ein Verwandter des verstorbenen Mannes Rut heiraten. Aber der war rechtlich nicht an der Reihe. Erst nach langem Hin und Her konnten die beiden heiraten. Ich habe den Eindruck, das ist wohl eher eine Geschichte für Rechtsanwälte. Aber Davids Mutter, die ja auch Rut heißt, erklärte mir das einmal. Sie sagte: ›Rut spielt deswegen für das Fest eine wichtige Rolle, weil sie im Vertrauen auf die Tora gelebt hat‹. Außerdem ist sie ja die Urgroßmutter von König David. Also ist sie schon jemand Besonderes.

Übrigens habe ich gerade erfahren, dass wir in den Sommerferien nach Deutschland fahren.

Ich hoffe, wir sehen uns!

Bis bald,

Deine Mirjam

»Mirjam kommt nach Deutschland? Super!« Martin freute sich sehr. Er fuhr zwar mit seinen Eltern nach Spanien in Urlaub, aber es blieben ihm zwei Wochen mit David und Mirjam.

Am nächsten Tag besuchte er David. Auch er war begeistert von der Idee, zu dritt etwas unternehmen zu können.

Zwei Monate später kam Mirjam mit ihrer Familie am Frankfurter Flughafen an. Die beiden Jungs erwarteten ihre Freundin schon voller Ungeduld. Das umfangreiche Programm für die nächsten Tage umfasste Fahrradtouren zu Baggerseen und zum Altrhein. Dann wollten sie Fahrten nach Heidelberg und Frankfurt machen. »Ari ist in dieser Zeit in Frankfurt. Er zeigt uns sicher die Stadt«, stellte David in Aussicht.

Die Zeit verging wie im Fluge und ihr tägliches Treffen wurde für Martin zur Gewohnheit. Sie unterhielten sich viel über Musik. Alle drei fanden Rap und HipHop gut, aber auch andere Musikrichtungen. Martin erzählte über seine Lieblingsgruppen. Etwas merkwürdig schauten die Jungs, als sich Mirjam als bekennender *Madonna*-Fan entpuppte. David mochte die *Söhne Mannheims,* die Mirjam nicht kannte. Deswegen rümpfte sie im Gegenzug die Nase. So bedauerte es Martin bald, dass er mit seinen Eltern in Urlaub fahren musste.

Allerdings war ein Tag in dieser Zeit nicht wie die anderen.

Neunter Aw

Drei Tage bevor Martin nach Spanien fuhr, ging er mit Badesachen zu David herüber. Es war sehr heiß und er wollte die Freunde zum Schwimmen abholen.

David und seine Eltern standen schon in der Tür.

»Geht heute nicht«, sagte David zu seinem Freund.

»Heute ist der *Neunte Aw*.«

Mirjam tauchte hinter David auf und erklärte Martin: »Am *Neunten Aw* gehen wir in die Synagoge. Wir erinnern uns an die Zerstörung des Tempels in Jerusalem und an die Verfolgung, die Juden in der Geschichte erleiden mussten. Heute soll eigentlich sogar 24 Sunden nichts gegessen werden.

Später im Gottesdienst werden die *Klagelieder des Jeremia* gelesen, die in den Heiligen Schriften stehen. Der *Neunte Aw* ist für uns so etwas wie ein *Trauertag*. Aber wir denken auch darüber nach, was Gott mit uns Menschen vor hat und was er von uns erwartet.«

Mirjam schaute ernst und Martin spürte, dass heute wieder einmal einer dieser Feiertage war, die sie so gar nicht mochte. Aber Martin wusste auch, wie wichtig seinen Freunden die Feiertage waren. So ging er allein ins Schwimmbad. Doch er musste den ganzen Tag an seine Freunde denken.

Schabbat – der höchste Feiertag

Nach den Ferien ging alles wieder seinen gewohnten Gang. Martin und David hatten das Klassenziel erreicht, auch wenn für sie beiden Mathe und Englisch nicht einfach waren. Aber da sie sich gegenseitig am Nachmittag abhören und sich den Kopf über die Hausaufgaben zerbrechen konnten, waren die Zeugnisnoten doch recht gut ausgefallen.

Im neuen Schuljahr hatte auch die Bundesligasaison wieder begonnen. Mehr als im letzten Jahr nahmen sie sich gegenseitig auf den

55

Arm, wenn ihre Lieblingsmannschaft verlor. Das war eines der wenigen Themen, bei dem sie nicht einer Meinung waren.

An einem Dienstag kam Martin aufgeregt in die Schule.

»Du glaubst nicht, was gestern passiert ist. Mein Vater hat über das Radio Karten für das Spiel 1. FC Kaiserslautern gegen Bayern München gewonnen. Das Spiel ist am Samstag in drei Wochen. Meine Eltern haben auch gleich gesagt, dass du eine der Karten haben kannst. Wie sieht es aus? Oder hast du Angst, dass man dir als Bayern-Fan auf dem Betzenberg die Lederhose auszieht?«

David lachte. »Ich hab doch keine Angst vor euch Pfälzern! Aber ich kann nicht. Beim Spielbeginn ist noch *Schabbat*.«

Martin schaute seinen Freund groß an. Er wusste zwar, dass der *Schabbat* der Ruhetag für Juden war und dass Davids Familie viel Zeit miteinander verbrachte, aber hier ging es doch um die einmalige Gelegenheit, ein Fußballspiel zu sehen. Inzwischen konnte David das Stirnrunzeln seines Freundes einschätzen und begann zu erklären.

»Der *Schabbat* ist unser wichtigster Feiertag. Das Schöne ist: wir haben jede Woche einen Feiertag.«

»So etwas wie der Sonntag?«, fragte Martin.

»Im Prinzip ja, nur anders. Der *Schabbat* ist wirklich ein Ruhetag und wir nehmen ihn sehr ernst. Jemand aus der Gemeinde erzählte mir, dass es vor vielen Jahren an unserer Schule Samstagsunterricht gab. Heute ist das zum Glück nicht mehr so.«

»Wie meinst du das?«

»*Schabbat* ist hebräisch und bedeutet *Ruhe*. Der Tag ist dafür gedacht, dass wir uns vollständig ausruhen. Daher arbeiten wir nicht. Und Schule ist ja auch Arbeit.«

»Wem sagst du das!«

»In vielen Familien wird darauf geachtet, dass nichts die *Schabbat-Ruhe* stört. In Israel sind viele Geschäfte, Restaurants und Kinos geschlossen.

Es gibt für den *Schabbat* auch die Regel, dass man kein Feuer machen soll. Das ist ja auch Arbeit. So fahren in Israel nur wenige Autos und der Flugverkehr ist eingeschränkt.«

Martin runzelte die Stirn und fragte: »Was hat denn Autofahren mit Feuermachen zu tun?«

»Ganz einfach: Wenn man ein Fahrzeug startet, dann macht man Feuer. Denk an den Verbrennungsmotor!

Übrigens: Auch das Anmachen von elektrischen Geräten und Licht gilt als Feuer machen. Da wird ja auch ein Funke entzündet.«

»Stimmt eigentlich«, grübelte Martin. »Wie aber ist das mit dem Essen?«

»Das ist so«, erklärte David weiter. »Man kocht vor und stellt die Speisen, die bis Samstagabends gegessen werden, in einen Warmhaltebehälter.«

Martin nickte. »Clevere Idee.«

»Der *Schabbat* ist der Tag, an dem wir Gemeinschaft mit unserer Familie und mit Gott haben. Wir feiern miteinander und gehen in die Synagoge zum Gebet. Besonders wichtig ist uns aber die Feier zu Hause. Oft sind Freunde oder meine Großmutter am *Schabbat* zu Gast.«

»Ihr feiert wohl dann eine Party?«, meinte Martin spaßig.

David schaute seinen Freund nachdenklich an. Party war wirklich nicht der rechte Ausdruck für die *Schabbatfeier*. Aber wie sollte er es ihm erklären? Er fand eine Lösung.

»Martin. Wenn es dir Recht ist, frage ich meine Eltern, ob du am *Schabbat* bei uns über Nacht bleiben darfst.«

Martin schaute überrascht, sagte dann aber: »Ich frage auch gleich nach, ob meine Eltern damit einverstanden sind.«

Nach dem Unterricht ging Martin mit zu David. Die beiden fragten gleich Davids Mutter, die sich sehr freute. Sie sagte: »Am *Schabbat* geschieht so einiges, das dir bestimmt fremd erscheint. Damit du nicht zu viel fragen musst, erkläre ich dir kurz ein paar Dinge, die am *Schabbat* passieren.«

Sie ging mit den beiden in die Küche. Dort hing ein kleines Poster, das Martin noch nie aufgefallen war.

Martin erkannte die Schriftzeichen eines Wortes sofort:
»Hey – da steht ja *Schalom* drauf.«

Rut nickte Martin zu und sagte: »Du bist ja wirklich gut. Hier steht *Schabbat Schalom*. Das ist der Gruß, mit dem wir unsere *Prinzessin Schabbat* begrüßen. So nennen wir den Tag. Du musst wissen: *Schabbat* ist für uns weiblich.«

»Das klingt ja nett«, sagte Martin und David erklärte weiter:
»Kurz vor Sonnenuntergang wird bereits der Tisch hergerichtet. *Schabbat* fängt für uns an, wenn meine Mutter im Haus die *Schabbat-Kerzen* anzündet. Das Anzünden der Kerzen ist das Recht einer Frau. Nach dem Anzünden wird der *Lichtersegen* gesprochen, wie du auf dem Poster sehen kannst.«

Rut begann, den Segen zu sprechen: »*Gepriesen seist du, Herr unser Gott, der du uns befohlen hast, das Licht des Schabbats anzuzünden*«.

Dann schaute sie selbstbewusst die Jungs an und sprach: »Ihr müsst wissen: Bei der *Schabbat-Feier* zeigt sich, wer hier im Haus das Sagen hat. Ohne uns Frauen wären die Männer am *Schabbat* aufgeschmissen.«

Martin lächelte, dachte an Mirjam und fragte sich, ob alle jüdischen Frauen so selbstbewusst sind.

Rut erklärte noch einiges zum *Schabbat*. Als er nach Hause ging, fragte er seine Eltern, die auch nichts dagegen hatten, dass er bei David das Wochenende verbrachte.

Am Freitag nach der Schule packte Martin eine kleine Tasche. David war zwar schon bei ihm über Nacht, aber es war das erste Mal, dass er das Wochenende bei David verbrachte. Er packte ein Computerspiel ein, das er David immer schon einmal zeigen wollte. Doch dann packte er es sofort wieder aus. Kein Feuer machen!

Nach dem *Schabbat-Gottesdienst* in der *Synagoge* holte David Martin ab. »Mutter hat schon das Bett gerichtet. Wir können heute lange quasseln«, stellte er in Aussicht, als sie in Davids Zimmer die Tasche Martins abstellten.

Martin wurde ins Wohnzimmer geführt. Der Tisch war ausgezogen und mit einer weißen Tischdecke gedeckt. Irgendwie hatte er ein Gefühl wie an Weihnachten.

Auf dem Tisch standen Kerzen, Wein und Brote, die mit einem schönen Tuch abgedeckt waren.

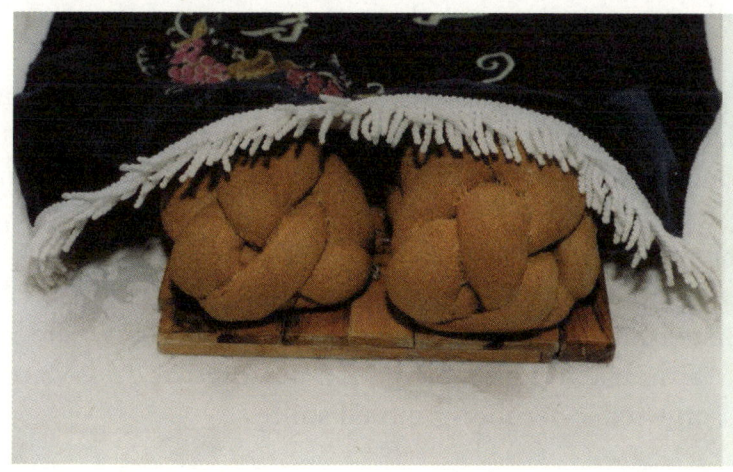

Davids Eltern begrüßten Martin herzlich: »Wir freuen uns sehr, dass du den *Schabbat* mit uns feierst.«

Nun füllte Davids Vater einen Becher mit Wein und ließ ihn überlaufen. Später erklärte David, dass das kein Versehen war, sondern ein Zeichen: »Am *Schabbat* wird von Gott reichlich eingeschenkt.«

Dann hob Davids Vater die Hände und segnete die Anwesenden. Alle standen auf. Davids Vater nahm den vollen Becher Wein in die rechte Hand und sprach ein Segensgebet, den *Kiddusch*. Das Gebet erinnerte daran, dass Gott den Schabbat schenkt.

Es wurde der Weinsegen gesprochen:

»*Gelobt Seist Du, Ewiger unser Gott, König der Welt, der Du die Frucht des Weines erschaffen hast.*«

Gemeinsam sagten alle *Amen* und tranken einen Schluck Wein. Nach einem weiteren Gebet wuschen sich alle in einer Schüssel die Hände. Nun wurden die Brote aufgedeckt und geschnitten. Davids Vater hielt die Hände über das Brot und sprach wieder einen Segen:

»*Gelobt Seist Du, Ewiger unser Gott, König der Welt, der Du Brot aus der Erde hervorbringst.*«

Schließlich wurde das Brot in kleine Stücke geschnitten, gesalzen und an alle Anwesenden gereicht.

Dann wurde zu Abend gegessen. Es gab Hühnchen, Reis und Gemüse. Nach dem Essen saßen sie zusammen und spielten Brettspiele. Es war richtig gemütlich. Nach zwei Stunden trotteten die Jungs ins Zimmer, legten sich ins Bett und unterhielten sich noch lange, bis sie einschliefen.

Am nächsten Morgen gingen David und seine Eltern in die Synagoge und Martin nach Hause. Sie hatten verabredet, dass Martin zum Mittagessen wieder herüberkommen sollte.

Martin blieb bis zum Abend. Da endete der *Schabbat*. Es gab noch eine kleine Zeremonie im Haus. Alle durften an einer silbernen Dose riechen. Martin roch eine Mischung aus Nelken, Zimt und Cardamon.

»Das ist unsere *Besamim-Büchse*. Durch den Duft der Gewürze dürfen wir den Wohlgeruch des Schabbat riechen. Der Geruch soll bis zum nächsten Schabbat in unserer Nase sein«, erklärte Rut.

Zum Abschied der *Prinzessin Schabbat* wurde schließlich die geflochtene *Hawdala-Kerze* angezündet. Ihre Flamme wurde mit Wein gelöscht – ein Zeichen dafür, dass der *Schabbat* nun zu Ende war.

Am Montag nahmen sich die beiden Freunde Zeit, am Wasserturm über das Wochenende zu reden.

»Ich fand es toll, dass ich bei euch dabei sein durfte. Euer *Schabbat* ist wirklich etwas ganz anderes als bei uns der Sonntag. Vielleicht sollten wir uns ein wenig abschauen, wie ihr den Ruhetag feiert.«

David schaute seinen Freund lange an. Er mochte seine Art, über Dinge nachzudenken.

In der nächsten Zeit verbrachten sie öfter den *Schabbat* miteinander. Der *Schabbat* hatte seine eigenen Regeln. Unter der Woche trafen sie sich zum Hausaufgaben machen, Basketball oder Computer spielen. Am *Schabbat* konnte all dies nicht getan werden. So unterhielten sie sich viel miteinander und spürten gerade an diesen Tagen besonders, wie gut sie sich verstanden.

Wegweiser

Sind Gummibärchen koscher?

Bald feierte David seinen zwölften Geburtstag. Er lud natürlich auch Martin zu seiner Feier ein. Martin wollte sich etwas ganz besonderes für seinen Freund ausdenken. Ein Gummibärchenkuchen schien ihm das Richtige zu sein.

Martin kam eine halbe Stunde früher als vorgesehen. David hatte sich gleich riesig gefreut – der Kuchen sah echt toll aus. Und Gummibärchen hatte er auch noch nie gegessen. Aber Davids Mutter hat gleich komisch dreingeschaut, als Martin mit dem Kuchen in der Tür stand.

David schaute seine Mutter fragend an.

»Sind Gummibärchen *koscher?*«

Martin blickte unsicher auf den Kuchen. Auch David war etwas unwohl bei der Sache. Rut spürte die Unsicherheit der beiden Jungs und begann zu erklären:

»Martin, du musst wissen: Wir glauben, dass Gott möchte, dass wir tagtäglich auf uns Acht geben. Besonders beim Essen gibt es daher für uns Regeln. Diese werden seit Jahrtausenden eingehalten und finden sich auch in der *Tora,* unserer Heiligen Schrift.«

Sie schaute die beiden Freunde an: »Wenn ihr wollt, dann seht doch selbst in der *Tora* nach.« Sie sagte David die Stelle, wo er suchen sollte und er holte ein Buch aus dem Wohnzimmer, blätterte zu der angegebenen Stelle und las:

> *Dies sind die Tiere, die ihr essen dürft unter allen Tieren auf dem Lande. Alles, was gespaltene Klauen hat, ganz durchgespalten, und wiederkäut unter den Tieren, das dürft ihr essen...*
>
> *3. Mose 11*

Rut schaute Martin an. »Welche Tiere dürften nach dieser Regel unproblematisch sein?«

Martin dachte nach. »Unproblematisch sind wohl Kühe oder Schafe.«

»Richtig. Schweine dagegen oder Nahrungsmittel, worin etwas vom Schwein sein kann, sind dagegen für uns nicht erlaubt. Das Problem ist: Gummibärchen sind aus Gelatine gemacht und Gelatine besteht aus gekochten Tierresten, egal von welchem Tier. Also können da auch Reste vom Schwein drin sein. Darum sind Gummibärchen nicht *koscher*.«

»*Koscher*?« fragte Martin nach.

»*Koscher* bedeutet *tauglich*«, erklärte ihm David. »Im Unterschied dazu gibt es *Untaugliches*. Das nennen wir *Treife*. Tauglich oder rein bezieht sich aber nicht nur auf das Essen. Auch das Pergament für Schriftenrollen muss von koscheren Tieren sein. Hauptsächlich aber kümmern wir uns darum, dass das Essen *koscher* ist.«

Rut erzählte weiter: »Das ist oft nicht so einfach. Es gibt in Deutschland kaum Geschäfte, bei denen wir darauf vertrauen können, ob nicht doch Unkoscheres verkauft wird. Wir holen zwar vieles im Supermarkt, aber so manches, was wir brauchen, kaufen wir in einem Laden in Frankfurt oder in Straßburg. Oft bringt uns Davids Onkel Ari auch etwas aus Berlin oder gleich aus Israel mit. Zum Glück kann man inzwischen vieles aber auch über das Internet bestellen.«

Martin nickte. Rut holte aus der Küche einen Zettel, auf dem sie sich Notizen für den Einkauf gemacht hatte.

»Es gibt Speisen, die dürfen ohne weiteres gegessen und getrunken werden. Gemüse, Früchte, Gewürze, Nüsse, Getreide – da gibt es kein Problem. Auch bei Milch oder Jogurt, bei Eiern von erlaubten Tieren, bei Geflügel und bei Fischen mit Schuppen ist alles in Ordnung. Bei Fleisch wird es da schon schwieriger.«

Rut deutete auf die Tora. »Wenn ihr im Text weiter lest, dann findet ihr genauere Hinweise: Erlaubt sind Tiere, die gespaltenen Hufe haben und Wiederkäuer sind, also Kühe, Schafe oder Ziegen. Ausdrücklich nicht erlaubt ist es, Schweine, Kamele, Hasen, Esel oder Pferde zu essen.

Was wir auch nicht essen sind Meeresfrüchte, Schnecken, Aale oder auch Raubvögel und Aasfresser.

Übrigens: Was nach der Tora als völlig unproblematisch gilt, sind Heuschrecken!«

»Das muss aber jetzt nicht sein, oder?«, meinte Martin und verzog sein Gesicht.

»Heißt das, dass du nachher keine von meinen gerösteten Heuschrecken knabbern willst?«, schaute David seinen Freund an und mimte Empörung.

Martin blickte fragend in Richtung David und sagte:

»Meinst du das etwa im Ernst?«

Davids Mutter lachte und brachte den Jungs zur Beruhigung erst einmal koschere Muffins mit Zuckerguss, über die sie sich gleich hermachten.

Bald kamen auch die anderen Freunde Davids und die Geburtstagsfeier ging los.

Am nächsten Morgen nahmen die beiden Freunde den Gummibärchenkuchen mit in die Schule und spendierten ihn der Klasse.

Weitere Regeln

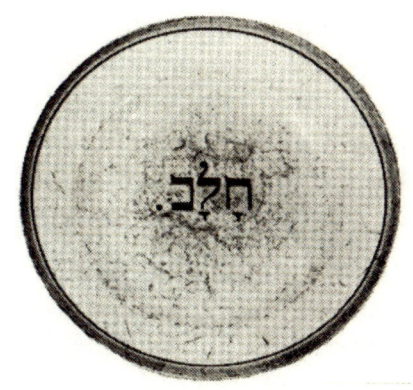

Als am Nachmittag David und Martin mit Mathe fertig waren, rief Rut die beiden in die Küche. Sie hatte einen Teller gerichtet.

»Der ist noch von meiner Hochzeit. Siehst du den Aufdruck auf dem Teller? Darauf stehen *Chalawi,* das heißt *Milchig.*

Ich habe noch andere Teller, da steht *Bessari* drauf, das heißt *Fleischig«.* Das meint: auf dem Teller

Milchig dürfen nur Lebensmittel wie Milch, Käse oder Butter liegen. Der andere Teller, wo *Fleischig* drauf steht, ist nur für Fleisch, Wurst, Fett oder alles, was fleischige Bestandteile enthält.

Der Grund ist, dass nichts aus Milch und aus Fleisch zusammen gegessen werden darf. So steht es schon in der Tora.«

Martin dachte kurz nach, schaute David und seine Mutter an und rief erschrocken: »Keine Cheeseburger?«

Irgendwie war ihm noch nie aufgefallen, dass David keine Cheeseburger aß, sondern immer nur Hamburger. David ergänzte: »Bei Mirjam in Haifa gibt es nicht einmal bei Mc Donalds Cheeseburger. Selbst beim Big Mac ist kein Käse drauf.«

Martin schaute David ungläubig an.

»Wenn du mir nicht glaubst: Bitte schön.«

David holte ein Foto mit dem bekannten Schriftzug, aber mit dem Zusatz *koscher*.

In Martins Kopf ging herum, was alles nicht mehr auf dem Speiseplan stehen würde. Schnitzel oder Steak vom Schwein – da war er sowieso kein Fan davon. Aber keinen Hawaiitoast, keine Schinkenpizza mit Käse, keine goldgelb überbackene Lasagne mit Hackfleischfüllung mehr...

»Ist das nicht unheimlich kompliziert, wenn man immer darauf achten muss, ob da nichts *Milchiges* und *Fleischiges* zusammen kommt?« fragte er Rut.

»Nun, in der Mannheimer Synagoge haben wir sogar zwei Küchen. Bei meinen Großeltern gab es zwei Waschbecken und verschiedene Schränke, in denen sie das unterschiedliche Geschirr aufbewahrten. Aber finde mal hier in Deutschland eine Küche, bei der das so einfach geht. Außerdem siehst du ja, dass wir das schöne Geschirr auch nicht jeden Tag benutzen. Wenn das Geschirr ein Mal kräftig durch die Spülmaschine gejagt wird, dann ist das für uns auch in Ordnung. Aber diesen Satz hätte mein Großvater nicht von mir hören dürfen.«

Davids Mutter erklärte weiter. »Eine weitere Regel besagt, dass das Fleisch richtig zubereitet werden soll. Tiere müssen auf besondere Weise geschlachtet, das heißt geschächtet, werden. Kein Blut soll mehr im Fleisch sein. Das hängt damit zusammen, dass das Blut für uns von ganz besonderer Bedeutung ist. Man sagt, das Blut sei der Sitz der Seele.«

»Damit kann ich gut leben«, dachte sich Martin. »Wenn sich mein Vater im Restaurant ein blutiges Steak bestellt, dann wird mir sowieso übel.« Aber die Vielfalt von Regeln irritierte ihn doch. Rut spürte das und erklärte weiter.

»Die Gebote, die wir von Gott erhielten, haben alle einen tieferen Sinn. Sie sollen uns nicht einengen, sondern uns schützen und uns Freiraum geben. Aber wenn man Freiraum hat, dann braucht man einfach auch manchmal Wegweiser, die einem zeigen, welche sinnvollen Wege es gibt.

Die Tora kennt 613 Regeln, von denen einige die Speisegebote sind. Die Zahl setzt sich zusammen aus 248 und 365 Regeln: 248 Knochen hat der Mensch und 365 Tage hat das Jahr. Der Mensch und die Zeit stehen somit unter den Wegweisern, die Gott für uns und die Welt geschaffen hat. Was ist übrigens die Quersumme aus 613?«

Das war zum Glück einfache Mathematik: »6 + 1 + 3 sind 10.«

»Richtig« bestätigte Rut. »Und woran erinnert diese Zahl?«

»An die Zehn Gebote?«

»Stimmt genau.«

Martin war beeindruckt von dem durchdachten System.

Wenige Tage später überraschte Davids Mutter ihren Sohn mit einer Zeitungsmeldung:

»Stell dir mal vor, was heute gerade in der Zeitung stand. Die Firma, die die Gummibärchen herstellt, hat sich entschlossen, koschere Gummibärchen auf den Markt zu bringen.«

David musste schmunzeln. Zum nächsten Geburtstag von Martin wollte er seinen Freund mit einem koscheren Gummibärchenkuchen überraschen.

Feste im Leben

Beschneidung und Namensgebung

An einem Montagmorgen saß Martin müde in der Schulbank.

»Wie siehst denn du aus?« fragte ihn David.

»Wir waren übers Wochenende in Stuttgart. Freunde meiner Eltern haben ein Kind bekommen und wir waren gestern dort zur Taufe. Ich bin erst gegen Zwölf ins Bett gekommen und noch ziemlich müde.«

David nickte verständnisvoll.

Nach der Schule ging bei Martin alles ein wenig langsamer. So trotteten sie nach Hause und Martin hielt erst einmal einen langen Mittagsschlaf. Dann ging er zu David, um mit ihm Hausaufgaben zu machen. Die beiden saßen im Wohnzimmer, wo Davids Mutter Rut ihnen ein paar Kekse und Tee hingestellt hatte. Noch ganz in Gedanken ans Wochenende murmelte Martin vor sich hin. »Gibt es bei euch eigentlich auch so etwas wie eine Taufe?«

David wusste nicht, was er auf die Frage antworten sollte und war froh, dass seine Mutter gerade im Wohnzimmer war. Sie sagte: »Wenn ich das richtig weiß, dann wird man bei euch im Gottesdienst durch die Taufe in euere Glaubensgemeinschaft aufgenommen, oder?«

Martin nickte.

»Bei uns gibt es auch eine Gottesdienstfeier, bei der die Kinder aufgenommen werden. Mädchen und Jungen bekommen dort wenige Tage nach der Geburt ihren Namen zugesprochen. Aber für Jungs gibt es noch eine besondere Zeremonie – die Beschneidung.«

Martin schreckte auf und dachte: ›Das hört sich ja gefährlich an.‹ Rut hatte mit einer solchen Reaktion gerechnet, lächelte Martin freundlich zu und erklärte weiter.

»Bei uns gibt es die Tradition, dass bereits am achten Tag nach der Geburt jeder Junge durch die *Beschneidung* in die Gemeinschaft aufgenommen wird. Die Jungen werden am Glied beschnitten. Aber keine Angst: Kinder in diesem Alter spüren noch nicht viel.«

Trotz dieser letzten Bemerkung wurde Martin blass.

»Die *Beschneidung* wird auch *Berit Mila* genannt. *Berit* heißt übrigens *Bund*. Wie wichtig die *Beschneidung* ist, steht in der Tora.«
Rut holte ihre Tora aus dem Regal und las:

> »*Und Gott sprach zu Abraham: So haltet nun meinen Bund, du und deine Nachkommen von Geschlecht zu Geschlecht. Das aber ist mein Bund, den ihr halten sollt zwischen mir und euch und deinem Geschlecht nach dir:*
> *Alles, was männlich ist unter euch, soll beschnitten werden; eure Vorhaut sollt ihr beschneiden. Das soll das Zeichen sein des Bundes zwischen mir und euch.*
>
> 1. Mose 17, 9–14

Rut schlug das Buch wieder zu und sagte ernst: »Die Beschneidung ist also ein wichtiges Zeichen dafür, dass ein Junge zum Judentum gehört.«

Martin nickte und David wollte wissen, wie denn seine Feier damals abgelaufen war.
»Nun, die Beschneidung kann in der Synagoge oder im eigenen Haus vorgenommen werden. Deine Beschneidung war in der Synagoge«, berichtete Rut. »Die Gäste haben dich abwechselnd getragen. Du bist dann auf einen Stuhl gelegt worden, den *Stuhl des Elija*. Wir glauben, dass der Prophet Elija immer bei uns ist, wenn es um den Bund zwischen den Menschen und Gott geht.

Dein Onkel Ariel hatte dann die Aufgabe, dich bei der Beschneidung auf seinen Schoß zu nehmen. Schließlich kam der *Mohel* – so nennen wir den *Beschneider*.
Der *Mohel* fragte deinen Vater: ›Soll das Kind beschnitten werden‹? Nachdem er ›Ja‹ sagte, wurdest du dann vor den Augen der Anwesenden beschnitten.«
Nun schaute David etwas verlegen vor sich hin.

74

»Während der Beschneidungszeremonie wurden von den Anwesenden Gebete gesprochen«, erzählte Rut weiter. »Dann segnete der *Mohel* den Wein und alle tranken aus einem Becher. Auch deine Lippen wurden mit Wein benetzt. Schließlich hat dich jeder der Anwesenden auf seinen Arm genommen und ein persönliches Gebet für dich gesprochen.

Zu Hause wurde dann weiter gefeiert. Du hast viele Geschenke bekommen.«

David öffnete sein Hemd und zeigte auf eine Kette, die Martin beim Sport schon oft aufgefallen war.

»Onkel Ari hat mir damals das silberne Kettchen mit dem Schild Davids geschenkt.«

Martin sah sich den Anhänger genauer an.

»Sieht aus wie ein Stern.«

»Deswegen wird das Zeichen auch Davidstern genannt. Es ist mein Glücksbringer, ohne den ich ungern aus dem Haus gehe.«

Davids Mutter erzählte weiter:

»Bevor die Gäste nach Hause gingen, haben alle für dein weiteres Leben und die Zukunft der Welt gebetet. In dem Gebet wünschten sie, dass bald auch der Erlöser der Welt, der Messias, kommen wird. Er soll der Welt ewigen *Schalom* bringen.«

Martin war nachdenklich. Messias war ein Wort, das er bisher nur für Jesus kannte. Aber da war es wieder, sein hebräisches Lieblingswort. ›Der ewige Schalom‹ – klingt toll, dachte bei sich.

»Bei meiner Beschneidung erhielt ich übrigens auch den Namen David«, erzählte nun David.

»Der mit der Schleuder?«

»Ja, genau an den hatten meine Eltern damals gedacht. David war ein großer König in Israel. Er lebte vor etwa 3000 Jahren, aber noch heute erinnern wir uns gerne an ihn.

Wie du weißt, war er schon als kleiner Junge ein ganz Großer. In den Heiligen Schriften steht die Geschichte, wie sich die Israeliten damals gegen ihre Feinde wehren mussten. Einmal standen sich beide Heere gegenüber. Da trat ein riesiger Krieger namens Goliath vor. Er tönte laut: ›Welcher von euch Feiglingen will gegen mich antreten?‹ Alle hatten Angst, nur der kleine David nicht. Er ging zu dem Krieger hin. Dann nahm er seine Hirtenschleuder und schoss einen Stein an Goliaths Kopf. Der fiel sofort tot um.

Alle Israeliten jubelten. David war klein, aber er hatte Mut.

Als David ein erwachsener Mann war, wurde er Krieger und später König von Israel. Er war ein guter König. Er vereinte die zwölf Stämme Israels zu einem Volk und machte Jerusalem zur neuen Hauptstadt.«

Martin hörte zwar seinem Freund zu, aber in Wirklichkeit bewegte ihn eine andere Frage. Als David eine Pause machte, fragte er Rut: »Wie ist das eigentlich bei Mädchen?«

»Bei Mädchen gibt es eine Feier in der Synagoge und Zuhause«, erklärte Davids Mutter. »Nachdem ein Mädchen zur Welt gekommen ist, wird es am nächsten *Schabbat* in der Synagoge der Gemeinde vorgestellt. Dabei wird auch der Name des Mädchens verkündet.

Zuhause gibt es natürlich ein großes Fest und da bekommen auch Mädchen Geschenke, die an ihre Namensgebung erinnern.

Mirjam hat von mir eine Kette geschenkt bekommen. Der Anhänger zeigt die hebräischen Buchstaben Ch und i. Wir sprechen es *Chaj* aus, was hebräisch *Leben* bedeutet.«

Martin konnte sich an den Anhänger erinnern.

»Bei Mirjam ist das übrigens so, dass sie zu einer Richtung im Judentum gehört, die etwas anders mit den Regeln umgeht«, erzählte Rut weiter. »Sie gehört zu einer Gemeinde, die nicht darauf besteht, dass nur die Mutter entscheidend für die Zugehörigkeit zum Judentum ist. Das wäre auch ganz schön schwierig.«

Martin schaut fragend.

»Ich weiß nicht, ob du mitbekommen hast, dass Mirjams Mutter aus Frankreich stammt, Katholikin war und zum Judentum übergetreten ist. Jedenfalls gehört sie jetzt zu einer Reformgemeinde und da ist die Abstammung der Mutter kaum ein Problem.«

Mirjam hatte zwar erzählt, dass ihre Eltern sich in Frankreich kennen gelernt hatten, aber das war ihm neu.

Martin schrieb in seinem nächsten Brief an Mirjam über die Taufe, die er miterlebt hatte, von dem Gespräch über die Bescheidung und die Namensgebung. Zwei Wochen später erhielt er einen Brief von Mirjam.

Schalom Martin,

ich hoffe, es geht Dir gut, auch wenn ich Dir nicht so oft auf die Nerven gehen kann.

Du hast in Deinem Brief darüber geschrieben, wie man bei Euch und bei uns Kinder in die Gemeinde einführt. Was vielleicht mir dabei nicht so klar wurde ist: welche Rolle spielt bei Euch die Namensgebung? Bei uns spielt sie nämlich eine wichtige Rolle.

Ich bin mir nicht sicher, ob Du die Bedeutung von meinem Namen kennst, obwohl der Name für Deine Religion auch wichtig ist. Schließlich wurde Rabbi Jesus ja auch von einer Mirjam geboren.

Das war Martin wirklich noch nicht aufgefallen. Mirjam – Marjam – Maria. Die Namen hängen ja wirklich miteinander zusammen.

Jedenfalls haben sich auch meine Eltern etwas dabei gedacht, als sie mir den Namen gegeben haben.

Mirjam war die ältere Schwester des Mose, der die Israeliten aus der Sklaverei befreit hat. Die waren in Ägypten und hatten so viele Kinder, dass es die Ägypter es mit der Angst zu tun bekamen. Als Mose auf die

Welt kam, gab der Pharao von Ägypten den Befehl, alle neugeborenen Jungen der Hebräer zu töten. Moses Mutter setzte ein Schilfkörbchen im Nil aus, in das sie ihren Jungen hineinlegte. Seine Schwester Mirjam sollte auf das Kind aufpassen.

Das Körbchen trieb an einer Stelle im Fluss, wo sich gerade die Tochter des Pharao aufhielt. Sie ließ es aus dem Wasser holen, fand das Kind und sagte: ›Ich will das Kleine behalten. Es soll bei mir aufwachsen. Aber ich brauche jemanden, der dem Kind Milch gibt‹. Da tauchte Mirjam auf und rief: ›Ich kenne eine Amme. Die wird dem Kind Milch geben‹. Die Tochter des Pharao war mit dem Vorschlag einverstanden und so wurde Mose von seiner eigenen Mutter aufgezogen. Was wäre wohl aus Mose geworden ohne Mirjam?

Martin musste lachen.

Als Mose älter war, bekam er die Unterdrückung der Israeliten mit. Er sah, dass ein Aufseher einen Sklaven quälte und erschlug ihn. Mose hatte Angst und floh in das Land Midian. Dort erschien ihm Gott, der ihm befahl: ›Geh nach Ägypten und sage dem Pharao, er soll mein Volk ziehen lassen‹. Mose hatte zuerst Angst vor dieser Aufgabe. Aber dann ging er doch. Der Pharao hörte nicht auf ihn und so sandte Gott Plagen, bis die Israeliten endlich gehen durften. Doch der Pharao bereute seinen Entschluss und schickte den Israeliten seine Streitwagen hinterher. Die Hebräer sahen die Gefahr und hatten Angst. Nun geschah ein großes Wunder: Mose hielt einen Stab ins Meer und es teilte sich, so dass die Israeliten durch das Meer ziehen konnten. Als die Streitwagen ihnen folgen wollten, da stürzte die Flut über sie hinweg. Die Israeliten waren dem Tod entronnen. Und Mirjam tanzte, nahm eine Pauke in die Hand und sang ein Lied:

›Lasst uns dem Herrn singen, denn er hat eine herrliche Tat getan, Ross und Mann hat er ins Meer gestürzt.‹

Dieses Lied gilt als eines der ältesten Lieder der Tora. Und Mirjam als starke Frau in dieser für uns so wichtigen Geschichte.

So, jetzt habe ich Dir genug von Mirjam geschrieben.

Wie wäre es, wenn Du mir etwas darüber schreibst, wo der Name Martin herkommt?

Deine Mirjam

Wieder begann Martin zu schwitzen. St. Martin? Martin Luther? Oder sonst noch ein Martin? Wie kamen seine Eltern auf die Idee, ihn so zu nennen? Wieder eine Aufgabe, die es zu lösen galt.

Bar und Bat Mizwa

Es waren noch wenige Wochen bis zu Davids dreizehntem Geburtstag. Er nahm sich wenig Zeit für Martin. Basketball und die gemeinsamen Hausaufgaben am Nachmittag mussten oft ausfallen. Als er wieder einmal mit Martin auf dem Nachhauseweg von der Schule am Wasserturm saß, da spürte er, dass mit Martin etwas nicht stimmte.

»Ist irgendetwas?«, fragte David und Martin gab erstaunt zurück: »Das wollte ich dich eigentlich fragen. Habe ich etwas falsch gemacht, dass du mit mir kein Basketball mehr spielen willst und die Hausaufgaben lieber alleine machst?«

»Sorry! Ich wollte dir immer davon erzählen. Aber vor lauter Lernen habe ich keinen Kopf mehr für andere Dinge. In drei Wochen habe ich meine *Bar Mizwa*. Dann bin ich erwachsen.«

»Hey – veräppeln kann ich mich auch alleine.«

»Echt! Das stimmt! In ein paar Wochen hab ich meine *Bar Mizwa*.«

Martin runzelte die Stirn.

»*Bar Mizwa* heißt *Sohn des Gebotes*«, erklärte David weiter. »Am Schabbat nach dem 13. Geburtstag wird bei uns die *Bar Mizwa* gefeiert. Für meine Gemeinde habe ich dann alle Rechte und Pflichten wie ein Mann!«

Martin musste unweigerlich lachen, als er David ansah, wie selbstbewusst er »ein Mann« sagte.

David erklärte genervt weiter: »Ich muss gerade lernen, wie man laut aus der Tora vorliest. Später kann ich jederzeit im Gottesdienst aufgerufen werden, um laut aus der Tora vorzulesen. So muss ich den hebräischen Text sicher vorlesen können.«

»Hebräisch? Hast du denn nicht schon mit Englisch und Französisch genug zu tun?«

»So richtig Hebräisch lernen muss ich zum Glück nicht, aber ich muss es lesen können und die wichtigsten Regeln für das Vorlesen kennen«, gab David kurz zurück.

»Ich besuche den *Bar Mizwa* Unterricht. Der ist in der Synagoge. Das ist ein Unterricht, in dem uns die wichtigsten Dinge über das Judentum beigebracht werden. Man lernt, wie man sich im Gottesdienst zu verhalten hat. Aber auch über die wichtigen Gebete und Texte aus der Tora denkt man nach.«

»Habt ihr dafür einen Religionslehrer?«, fragte Martin und David antwortete: »Den Unterricht leitet der *Rabbiner* der Gemeinde. *Rabbi* heißt übrigens *Mein Lehrer*.

Das wichtigste aber ist, das Vorlesen zu üben. Meine Eltern haben mir dafür eine kleine Tora-Rolle geschenkt. So konnte ich wenigstens ein wenig üben.«

David schaute Martin an und überlegte kurz. Dann fragte er seinen Freund: »Hast du Lust, bei meiner *Bar Mizwa* dabei zu sein?«

»Geht das denn?«

»Ich muss den Rabbi und meine Eltern fragen. In der Synagoge gibt es eine Besucherempore. Da kannst du oben sitzen und dir alles anschauen.«

»In Ordnung. Wenn es dich nicht nervös macht, dass ich da oben sitze, dann versuche ich zu kommen.«

»Versuche ich zu kommen ... Hey! Das ist eine große Ehre, dass du kommen darfst«, erwiderte David mit einem breiten Lächeln.

»Na dann ist es mir eine große Ehre, mein Herr«, sagte Martin und lächelte zurück.

»Übrigens: Mirjam kommt auch.«

Martin nickte kurz und bekam roten Ohren.

An seinem 13. Geburtstag war David schon ziemlich aufgeregt. Er wusste, dass er ein paar Tage später zum ersten Mal in der Synagoge aus der Tora vorlesen sollte. Überhaupt hatte er den Eindruck, dass sein Geburtstag eigentlich Nebensache war. Alle Verwandten redeten nur noch von seiner *Bar Mizwa*. Nur Martin blieb normal und schenkte ihm ein Spiel, das nicht in irgendeinem Zusammenhang zu der *Bar Mizwa* stand.

Dann kam der große Tag. Davids Familie holte Martin ab und sie gingen in die Synagoge. Martin war zum ersten Mal in einem jüdischen Gotteshaus. Mirjam hatte er noch nicht gesehen. Sie war gestern spät angekommen und schon vorgelaufen, um mit ihren Eltern etwas vorzubereiten. David war so aufgeregt, wie es Martin noch nie gesehen hatte.

Martin wurde von Davids Mutter auf die Besucherempore geleitet. Er schaute sich unsicher um, denn Vieles war ihm fremd. Aber er konnte alles gut sehen. Etwas Probleme hatte er beim Heruntersehen mit dem kleinen Käppchen. Davids Mutter hatte es ihm ohne Kommentar am Eingang auf den Kopf gesetzt. Jetzt musste er aufpassen, dass es ihm nicht vom Kopf fiel.

Dann begann der Gottesdienst. Männer holten eine große Schrift-
rolle aus einem Wandschrank. Davids Vater war auch unter ihnen.
Sie legten die Rolle auf ein Lesepult und öffneten sie. David hatte
ihm erzählt, es sei zum Glück ein Text, den er gut kannte.

Plötzlich wurde Davids Name laut gerufen. David ging zum Lesepult. Er hatte ebenfalls ein Käppchen auf dem Kopf und etwas um
die Stirn und um den Arm gewickelt. Ein breiter Schal mit Streifen
lag über seiner Schulter.
   Er stand am Lesepult. Mit einem Zeiger aus Metall fuhr der Rabbi
über den hebräischen Text.

David las laut und deutlich vor und sang dabei eine besondere Melodie. Aber Martin konnte bei seinem Freund in der Stimme seine
Unsicherheit heraushören.
   Als David fertig war, schaute ihn sein Vater stolz an. Martin spürte,
dass David versuchte, weiter ernst zu bleiben, aber er hatte wohl ein
sehr gutes Gefühl im Bauch. Er strahlte kurz nach oben und Martin
hob den Daumen. Es war geschafft!

Dann sprach der Rabbiner darüber, was es nun bedeutet, ein *Sohn
der Gebote* zu sein. Er sagte zu David:
   »Nun bist du gemäß dem jüdischen Gesetz ein Mann mit Rechten
und Pflichten. Für alles, was du von nun an sagst und tust, bist du
also selbst verantwortlich.«

Der Rabbiner legte seine Hände auf Davids Kopf. Er sprach einen
Segen. Nun war David also ein *Bar Mizwa* und erwachsen.

Als die Zeremonie vorbei war, riefen von überall her Leute *Masel
Tov – Masel Tov!* Später erklärte ihm Mirjam, dass der Ausdruck
Guter Stern bedeutet und *Viel Glück!* meint.

Dann fing es an, Süßigkeiten zu regnen. Alle warfen kräftig darauf
los. Und wer war natürlich vorne mit dabei? Mirjam! Die hatte so
richtig Spaß, ihren Cousin mit Bonbons zu bewerfen. Ein älterer

Mann kam auf David zu, gab ihm Süßigkeiten in die Hand und sagte: »Auf dass die Tora süß in deinem Mund sein möge.«

Martin durfte mit zu David nach Hause, wo weitergefeiert wurde. Es gab ein Festessen, bei dem die ganze Familie und der Rabbiner dabei waren.

David sagte zu Martin: »Ich habe den Eindruck: Jetzt wo ich ein *Bar Mizwa* bin, gehen die Leute anders mit mir um. Schließlich bin ich jetzt ja auch kein Kind mehr wie du!«
    »Hey – ich werde nächsten Monat auch dreizehn!«, gab Martin mit einem Stoß in Davids Seite zurück und beide lachten.

Nach dem Essen wurden Reden gehalten. Auch David musste etwas sagen. Dann bekam er eine Menge Geschenke. Schließlich wurde gefeiert, sich miteinander unterhalten, Musik gemacht und getanzt. Und immer wieder riefen die Leute: *Masel Tov – Masel Tov!*

Als Martin abends im Bett lag, hatte er immer noch diese Rufe im Ohr.

Gebet

Am nächsten Tag kam Martin zu David herüber. Der war gerade am Aufräumen. Die Gegenstände, die er während des Gottesdienstes angehabt hat, lagen auf seinem Bett.

Martin schaute auf das Bett.
    »Sag mal, was hast du denn da gestern alles angehabt?«
    »Sorry, ich hätte dich ja darauf vorbereiten können. Das kannst du natürlich nicht alles wissen.«
    David legte die Gegenstände sorgsam nebeneinander.
    »Mein Onkel Ari schenkte mir schon vor meiner *Bar Mizwa* eine komplette neue Ausstattung für das Gebet. Ich habe gestern alles zum ersten Mal getragen. Zuvor hat uns der Rabbiner beigebracht, wie wir mit den Gegenständen umgehen sollen und was sie bedeuten.

Was mir keiner beibringen musste war, wie ich eine *Kippa* tragen muss.«

»Mir schon«, sagte Martin und dachte an seine verzweifelten Bemühungen, über die Empore zu schauen, ohne dass die *Kippa* nach unten segelte.

»Nochmals Sorry! Du siehst ja: *Kippa* ist ein Käppchen. Da kommt übrigens auch das deutsche Wort Kappe her. Ich klemme sie mir meist mit einer Haarspange an den Haaren fest, so dass sie nicht abrutschen kann.«

»Das hätte ich gestern wissen sollen.«

»Sorry hoch drei«, schmunzelte David.

»Macht nichts, jetzt weiß ich es ja.«

»Der Rabbi erzählte uns: Früher durften nur freie Menschen einen Hut tragen«, erläuterte David. »So erinnert uns die *Kippa* an die Befreiung aus der Sklaverei in Ägypten. Außerdem zeigen wir so, wenn wir beim Gebet und in der *Synagoge* unseren Kopf bedecken, unsere Ehrfurcht vor Gott. Um dies zu beachten, ziehen übrigens auch manche Frauen wie meine Mutter freiwillig in der *Synagoge* ein Kopftuch an. Eigentlich müssten Frauen nichts auf dem Kopf tragen – nur wir Männer.«

Wieder musste Martin schmunzeln, als David das Wort »Männer« in den Mund nahm.

»Etwas schwieriger war es für mich, den Gebetsschal, den *Tallit*, richtig überzuhängen. *Tallit* heißt übrigens *Hülle*.«

David nahm seinen *Tallit* in die Hand, gab ihn Martin und erklärte
weiter: »Du siehst: Der *Gebetsschal* ist ein breites helles Tuch mit
blauen Streifen. An jeder der vier Ecken befindet sich je eine *Quaste*. Das sind die *Zizit*. Schon in der Tora steht, dass am Gebetsschal
Quasten sein müssen, die uns an die Gebote Gottes erinnern sollen.

Als ich bei meiner *Bar Mizwa* zum ersten Mal den *Tallit* tragen
durfte, da merkte ich, wie wichtig der Schal ist. Ich zog ihn über
meinen Kopf hatte viel mehr Ruhe.

In einer alten Schrift heißt es übrigens, man soll sich mit dem *Tallit*
fühlen wie unter den Flügeln Gottes.«

David nahm einen weiteren Gegenstand in die Hand.

»Schließlich gibt es noch die *Tefillin*. Die durfte ich bei meiner
Bar Mizwa zum ersten Mal anlegen, auch wenn sie in der Synagoge normalerweise nicht getragen werden. Eigentlich sind sie für das
Morgengebet bestimmt.

Mit den *Tefillin* hatte ich am Anfang so meine Schwierigkeiten,
aber Vater und Onkel Ari haben mir geholfen. Auch bei ihnen hat
das Binden damals nicht gleich geklappt.«

David gab Martin die Riemen in die Hand.

»Wie du siehst sind die *Tefillin* lange Riemen mit einer viereckigen Kapsel dran. Das Leder muss koscher sein. Der Name *Tefillin* kommt übrigens von *Tefilla* – das bedeutet *Gebet*.«

In den Kapseln der *Tefillin* ist das *Sch'ma Israel* zu finden. Dies ist einer der wichtigsten Texte aus der Tora. *Sch'ma Israel* bedeutet: *Höre Israel*. Es ist auch so etwas wie eine Glaubensanweisung. Weil darin steht, dass man sich den Text um die Stirn und um den linken Arm wickeln soll, ist er in den *Tefillin*. Da steht auch, dass man es an die Türpfosten schreiben soll. Dazu erkläre ich dir mehr, wenn wir die *Synagoge* besuchen.«

»Du gehst mit mir in die *Synagoge*?«

David nickte. »Klar doch – ich muss dir doch alles einmal in Ruhe erklären.«

Martin freute sich darüber.

»Jetzt aber zurück zum *Sch'ma*«, sprach David und zeige Martin ein Blatt Papier. »Ich habe eine Kopie vom Text, der in den *Tefillin* steht. Auf Deutsch hört sich das so an:

»*Höre, Israel, der HERR ist unser Gott, der HERR allein.*
Und du sollst den HERRN, deinen Gott, lieb haben von ganzem Herzen, von ganzer Seele und mit all deiner Kraft.

Und diese Worte, die ich dir heute gebiete, sollst du zu Herzen nehmen und sollst sie deinen Kindern einschärfen und davon reden, wenn du in deinem Hause sitzt oder unterwegs bist, wenn du dich niederlegst oder aufstehst. Und du sollst sie binden zum Zeichen auf deine Hand, und sie sollen dir ein Merkzeichen zwischen deinen Augen sein, und du sollst sie schreiben auf die Pfosten deines Hauses und an die Tore.

5. Mose 6

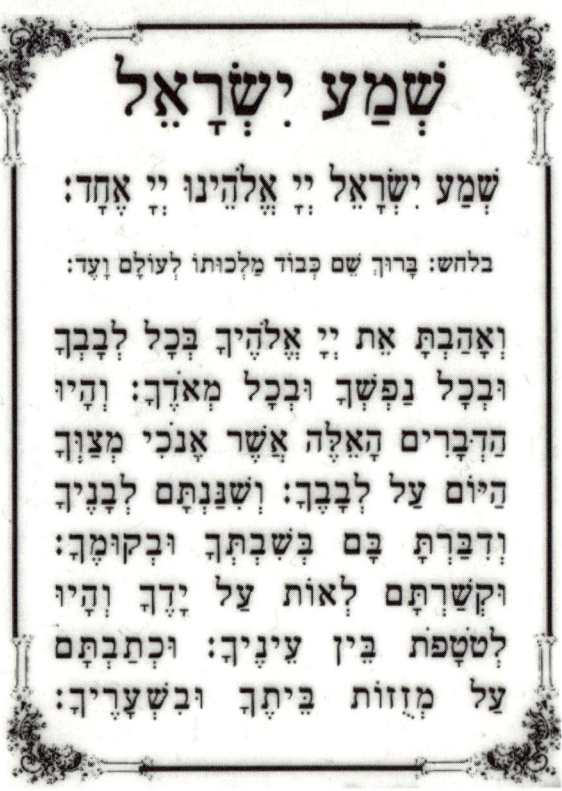

שְׁמַע יִשְׂרָאֵל

שְׁמַע יִשְׂרָאֵל יְיָ אֱלֹהֵינוּ יְיָ אֶחָד:

בלחש: בָּרוּךְ שֵׁם כְּבוֹד מַלְכוּתוֹ לְעוֹלָם וָעֶד:

וְאָהַבְתָּ אֵת יְיָ אֱלֹהֶיךָ בְּכָל לְבָבְךָ
וּבְכָל נַפְשְׁךָ וּבְכָל מְאֹדֶךָ: וְהָיוּ
הַדְּבָרִים הָאֵלֶּה אֲשֶׁר אָנֹכִי מְצַוְּךָ
הַיּוֹם עַל לְבָבֶךָ: וְשִׁנַּנְתָּם לְבָנֶיךָ
וְדִבַּרְתָּ בָּם בְּשִׁבְתְּךָ וּבְקוּמֶךָ:
וּקְשַׁרְתָּם לְאוֹת עַל יָדֶךָ וְהָיוּ
לְטֹטָפֹת בֵּין עֵינֶיךָ: וּכְתַבְתָּם
עַל מְזֻזוֹת בֵּיתֶךָ וּבִשְׁעָרֶיךָ:

Das *Sch'ma Israel* ist das wichtigste Gebet. Aber es gibt noch andere. Auch das *Achtzehnbittengebet* ist für uns wichtig. Wir nennen es auch einfach *Tefilla*.«

»Das heißt Gebet, gell?«

»Gut aufgepasst! Setzen! Note Eins!«, alberte David und mimte einen strengen Lehrer.

»Die *Tefilla* beginnt mit einem Wort aus den Psalmen:

*Gott, öffne meine Lippen, dass mein Mund deinen Ruhm ver-
künde.*

Dann preisen wir Gott und es kommen Bitten, die je nach Tag
unterschiedlich aussehen. In dem Gebet bitten wir beispielsweise für
Kranke und Schwache, aber auch für uns, wenn wir etwas falsch gemacht haben oder im Streit mit jemandem sind.

Das Gebet endet mit:

*Schenke uns Frieden und Gutes.
Segne uns und schütze unser Leben.
Lass deine Gnade und Güte über uns walten.
Deine Gerechtigkeit und dein Erbarmen
mögen uns stets begleiten ...
Gott schafft Schalom in der Höhe.
Möge Gott uns und ganz Israel Schalom geben.*

Wichtig ist mir das Ende des Gebets.

Es ist der Wunsch nach *Schalom* für die Welt.«

David wurde nachdenklich.

Nun ergriff Martin das Wort.

»Wir singen immer in Reli ein Lied. Das heißt *Hewenu Schalom
Alechem.*«

»Ich kenn das Lied auch. Der Satz heißt: Wir wollen Frieden für
euch.«

»Wir singen immer auch: ›Wir wollen Frieden für alle ...‹

Bei uns in Reli geht es ganz schön ab, wenn wir das Lied singen«,
erzählte Martin. »Wir singen das Lied mehrmals hintereinander.
Dabei versuchen wir, immer schneller zu werden. Versuchen wir es
mal?«

David nickte und aus voller Brust sangen beide das Lied.

Mirjam hörte die Jungs singen. Sie kam herüber.

»Ganz schön mutig von euch. Kaum ist da einer erwachsen, da
meint er, er kann alles – selbst singen!«

»Werde du erst mal erwachsen«, wollte Martin Mirjam ärgern.

Aber da war er natürlich an die Falsche geraten gelandet. Empört blickte sie ihn an:

»Martin! Ich bin schon seit einem Jahr erwachsen. Für uns Mädchen gibt es nämlich die *Bat Mizwa* schon mit 12 Jahren. Wir Mädels sind euch Jungs halt immer schon ein wenig voraus!«

David und Martin schauten sich an und Mirjam erzählte von ihrer Bat Mizwa-Feier:

»*Bat Mizwa* heißt einfach *Tochter der Gebote*. Wie du weißt, gehören wir ja zu einer Reformgemeinde. Im Unterschied zu anderen Gemeinden gibt es da keinen Unterschied zwischen einer Feier für Jungs, wie du sie bei David miterlebt hast, und einer Feier für Mädchen. Bei meiner *Bat Mizwa* durfte ich in der ersten Reihe sitzen, einen *Tallit* tragen und einen *Tora-Abschnitt* vorlesen wie David. Nach dem Abschlussgebet flogen auch bei mir Süßigkeiten durch die Luft. Rate mal, wer da am dollsten warf!«

Martin schaute David von der Seite an und der lächelte vor sich hin.

Hochzeit

Am Abend saßen Mirjam, Yvonne und Rut zusammen und unterhielten sich über dies und das. Irgendwie kam das Gespräch aufs Heiraten. Da wurde Mirjam neugierig.

»Sag mal, wie war denn das damals, als ihr geheiratet habt?«

Yvonne begann: »Wir haben damals überlegt, ob wir in Frankreich oder Israel heiraten sollten. Als dein Vater dann die Stelle im Museum in Haifa bekam, war für uns klar, dass wir in Israel heiraten. In Israel gibt es keine standesamtliche Hochzeit. So hat der Rabbiner unsere Ehe geschlossen.

Dein Vater wurde am Schabbat vor unserer Trauung in der Synagoge aufgerufen, aus der Tora vorzulesen. Nach diesem Gottesdienst ging es schon lustig zu. Als Ari aus der Synagoge kam, haben ihn die Frauen mit Süßigkeiten und Nüssen beworfen. Nüsse sollen Zeichen für die Fruchtbarkeit sein.«

Mirjam lächelte verlegen.

»Jedenfalls haben wir dann eine Woche später geheiratet«, erzählte Yvonne zu Ende.

Davids Mutter machte weiter: »Vor unserer Hochzeit hat Simson den Tag über gefastet, um sich so auf die Hochzeit vorzubereiten. Ich ging mit ein paar Freundinnen in unsere *Mikwe*.«

Mirjam schaute kritisch, aber Rut erzählte weiter, den Blick auf Mirjam gerichtet. »Die *Mikwe* hat eine lange Tradition. Du kannst dich sicher erinnern: Als du letztes Jahr hier warst, sind wir nach Worms gefahren. Da haben wir auch in die alte *Mikwe* reingeschaut.«

»Und ich hab gesagt: Da würde ich nie hinein steigen. Viel zu kalt und viel zu dunkel ist es da«, murrte Mirjam.

Rut schaute ärgerlich. »Diese *Mikwe* ist ja schon seit vielen Jahren nicht mehr in Benutzung. Unsere *Mikwe* in der Synagoge ist ein modernes, gekacheltes Bad. Aber in gewisser Weise hast du Recht. Das Bad ist alles andere als angenehm. In der Miwke muss nämlich frisches Wasser sein, das aus einer Quelle, einem Bach oder einem Fluss gespeist wird. Grundwasser geht auch. Aber das frische Wasser kann ganz schön kalt sein.«

Mirjams Mutter erzählte weiter. »Dann sind wir gemeinsam in die Synagoge gegangen. Da hatte man schon für den Gottesdienst die *Chupa* aufgestellt. Das Gestell war mit einem Baldachin, einem Dach aus schönem Stoff, überzogen.

Mit einer Kerze in der Hand ging Ari auf mich zu. Wir beiden waren richtig schön herausgeputzt. Ich hatte ein wunderschönes Brautkleid an. Auch trug ich einen Schleier über dem Gesicht.

Der Rabbiner sprach dann die Segensworte:

»Gelobt seist du, Ewiger, unser Gott, du hast Freude und Glück, Bräutigam und Braut, Fröhlichkeit, Liebe und Frieden geschaffen.«

Wir haben aus einem Glas Wein getrunken und dann wurde es ernst:

Der Rabbiner hat uns den *Ehevertrag* vorgelesen. Ich hatte ihn mit vorbereitet – wir mussten uns ja einigen, was da alles drin steht. Aber während der Zeremonie dachte ich: Das ist ja alles andere als romantisch. Ich wusste zwar, dass dieser Vertrag früher sehr wichtig für uns Frauen war, aber es war mir alles irgendwie fremd.«

»Wieso war der Vertrag früher wichtig?«, fragte Mirjam.

»Frauen konnten früher keinen eigenen Beruf ausüben und Geld selbst verdienen wie heute«, fuhr Rut fort.

»In dem Vertrag steht, welche Pflichten Mann und Frau haben und wie die Frau abgesichert ist, wenn es zur Scheidung kommt oder der Ehemann stirbt.«

»Bei der Hochzeit ist schon von der Scheidung die Rede? Das klingt aber wirklich unromantisch!«, rümpfte Mirjam die Nase und schaute verständnisvoll ihre Mutter an. Aber Rut fuhr fort.

»In vielen Kulturen der Welt war und ist es Frauen nicht gestattet, überhaupt nur an Scheidung zu denken. Frauen gelten da als Besitz des Mannes. Aber die Tora sieht vor, dass auch eine Scheidung möglich ist, bei der die Frauen abgesichert sind. Wenn das nichts Gutes ist ...«

»Jedenfalls hat der Rabbiner Ari den Vertrag überreicht und er hat ihn dann mir gegeben«, erzählte Yvonne weiter. »Verschmitzt habe ich ihn da angelächelt und ihn leise gefragt, was denn sei, wenn ich den Vertrag nicht annähme?

Ari hat gleich einen roten Kopf bekommen. Aber ich wollte ihn nicht lange zappeln lassen und sagte laut: ›Ich nehme den Ehevertrag an‹. Nun war die Ehe von uns beiden gültig.

Erleichtert holte Ari den Ring heraus und steckte ihn mir an den rechten Zeigefinger. Der rechte Zeigefinger gilt im jüdischen Glauben als eine direkte Verbindung zum Herzen.

Dann haben wir mit dem rechten Fuß ein Glas zertreten. Scherben bringen ja Glück. Aber das zerbrochene Glas bedeutet mehr. Unser Rabbi erklärte uns: ›Dadurch wird auch an schlechte Zeiten erinnert, die in der Ehe kommen können. Außerdem erinnert euch das zerbrochene Glas an die Zerstörung des Tempels von Jerusalem‹.

Als die Zeremonie zu Ende war, traten wir beiden unter der *Chupa* hervor. Dann wurde es wieder lustig. Alle haben Tütenweise Reis und Nüsse nach uns geworfen. Es hat sich angefühlt, als ob es regnet, weil einiges auf die *Chupa* geprasselt ist. Immer wieder riefen die Leute *Masel Tov – Masel Tov!*

Schließlich ging es ins Restaurant zum Feiern. Wir haben ein tolles Essen gehabt, viel gelacht und viel getanzt.«

Auch Davids Mutter erinnerte sich: »Ich muss immer wieder daran denken, was uns damals der Rabbi aus der Tora vorgetragen hat: *Und Gott schuf den Menschen zu seinem Bilde, zum Bilde Gottes schuf er ihn; und schuf sie als Mann und Frau.*

Er erklärte: ›Die Hochzeit erinnert daran, dass nach der Tora schon am Anfang der Mensch nicht als Einzelgänger, sondern als Partnerwesen geschaffen wurde‹.

Seither war mir klar, dass keiner auf der Welt wirklich ohne einen anderen leben kann. Wenn Gott schon nicht alleine sein will und sich ein Gegenüber schafft, dann will Gott auch, dass wir miteinander gut umgehen. Er will, dass wir echte Partner sind. Wir müssen aber dazu bereit sein und uns auf einen anderen auch vollkommen einlassen wollen. Und dieser Schritt ist für mich die Hochzeit gewesen.«

Beerdigung und Friedhof

Ein paar Tage nach der *Bar Mizwa* saßen David und Martin mit ihren Schulranzen am Wasserturm. Sie schauten auf die sich im Wasser spiegelnden Sonnenstrahlen.

Martin erzählte David von der Beerdigung einer Großtante, die er vor ein paar Wochen miterlebt hatte. Sie hatten wegen der *Bar Mizwa* noch keine Zeit gehabt, darüber zu reden. Es war die erste Beerdigung, zu der Martin mit durfte.

»Vor ein paar Jahren ist mein Großvater gestorben«, murmelte David. »Da war ich ziemlich angeschlagen. Mein Opa wurde hier auf dem jüdischen Friedhof beerdigt. Zum Glück haben wir hier einen, so dass wir nicht so weit fahren müssen, um ihn zu besuchen.«

»Wie beerdigt man bei euch die Toten?«, fragte Martin nachdenklich.

»Wenn bei uns ein Mensch gestorben ist, dann lässt man ihn bis zur Beerdigung nicht allein«, sagte David nachdenklich. »Damit erweisen wir den Toten die letzte Ehre und zeigen, wie sehr man ihnen verbunden war.«

»Die ganze Nacht?« schaute ihn Martin erstaunt an.

»Wir wechseln uns dabei ab. Nach der Totenwache haben wir meinen Großvater auf dem Friedhof in das Leichenwaschhaus gebracht. Dort wurde er gereinigt und aufgebahrt. Als er in den Sarg gelegt wurde, da hat man ihm auch seinen *Tallit* umgelegt. Einer aus der Gemeinde hat dem *Tallit* eine Quaste abgeschnitten. Das ist ein Zeichen dafür, dass mein Großvater nun nicht mehr die Gebote einhalten muss.«

Martin erinnerte sich daran, wie er den *Tallit* von David in Händen halten durfte.

»Opa wurde, wie das bei uns üblich ist, in Richtung Jerusalem beerdigt. Mirjam hat mir einmal erzählt, wie das bei der Beerdigung ihrer Großmutter in Haifa war. Nach jüdischer Tradition werden die Toten in einem einfachen Leinentuch in die Erde gelegt. Mit dem Leinentuch zeigt man: Vor Gott sind alle Menschen gleich. Im Tod gibt es keinen Unterschied mehr, ob einer reich oder arm war.

Bei uns in Deutschland gibt es aber ein Gesetz, das besagt: Tote müssen immer in einem Sag beerdigt werden. Da müssen wir uns auch daran halten. Manche wollen das aber nicht und beerdigen ihre Toten lieber in Israel.«

Martin dachte an seinen Vater, der sich immer wieder über deutsche Vorschriften ärgerte.

»Auch wie man seine Trauer am Grab zeigt, ist unterschiedlich. Ich hätte am liebsten laut losgeheult, als ich den Sarg von meinem Großvater gesehen habe. Aber hier in Deutschland hält man sich eher zurück, seine Gefühle zu offen zu zeigen.

Mirjam hat mir erzählt, als ihre Großmutter gestorben war, da haben Frauen laut geschrieen und sich sogar ihre Kleider am Grab zerrissen. In vielen Ländern rund um das Mittelmeer wird so Trauer ausgelebt. Selbst in den Heiligen Schriften kennt man das. Als David vom Tod seines besten Freundes Jonatan erfuhr, da hat er auch seine Kleider zerrissen.«

David überlegte nun, wie er Martin die Beerdigungszeremonie für seinen Großvater erzählen konnte.

»Am Grab sollte ein Sohn oder eine Tochter das *Kaddisch*-Gebet sprechen. Onkel Ari hat das damals bei Opa gemacht. Er sprach dabei die Hoffnung aus, dass Großvater mit den Seelen von Abraham und Sara, Isaak und Rebekka, Jakob und Rahel und Lea im Paradies vereint sein möge.

Kaddisch bedeutet übrigens *Heiligung*. Das *Kaddisch* ist in aramäischer Sprache verfasst – eine Sprache, die man vor langer Zeit in Israel gesprochen hat. Das Gebet lautet:

> *Geheiligt werde der Name Gottes in der Welt, die er nach seinem Willen geschaffen.*
> *Sein Reich möge gar bald, noch zu Euren Lebzeiten, kommen.*
> *Es sei für immer und ewig gepriesen sein Name, der erhabener ist als alle Lobpreisungen, die man ihm spenden mag.*
> *Es komme für uns und ganz Israel Frieden und Leben aus Himmelshöhen.*
> *Der in seinen Höhen Frieden stiftet, möge auch uns und ganz Israel mit Frieden beglücken.*«

Ein Jahr lang haben wir das Gebet nach Opas Tod immer wieder gebetet.«

Martin schoss das Vaterunser durch den Kopf. Teile des *Kaddisch* klangen für ihn ähnlich.

»Nach der Beerdigung sind wir dann zum Brunnen gegangen und haben uns drei Mal die Hände gewaschen. Ari erklärte mir damals, dass man sich durch diese Reinigungszeremonie vom Umgang mit dem Tod reinigt. Damit auch frisches Wasser zur Reinigung da ist, gibt es auf vielen Friedhöfen am Eingang einen Brunnen.«

Sie schauten auf die Uhr und sahen erschrocken, wie spät es bereits war. Also stürmten sie los, nichts ahnend, dass die nächsten Tage wieder eine Begegnung mit diesem Thema mit sich brachten.

Ein Ausflug nach Worms

Am nächsten Tag kamen sie in die Schule und ihre Klassenlehrerin berichtete darüber, dass kurzfristig für übermorgen ein Ausflug nach Worms geplant sei.

Frau Berger, die in der Klasse Geschichte unterrichtete, wollte ihnen den Dom, den jüdischen Friedhof, das Raschi-Haus, die Synagoge, das Lutherdenkmal und das Nibelungenmuseum zeigen. »Ich weiß, das ist viel. Aber ich möchte euch einen breiten Überblick geben. Wenn wir dann davon etwas in Geschichte durchnehmen, habt ihr zumindest schon einmal etwas darüber gehört«, sagte die junge Lehrerin.

Zwei Tage später saß die Klasse im Zug. Sie mussten sehr früh am Bahnhof sein – vermutlich wegen des Mammutprogramms. Martin mochte Frau Berger, gerade wegen ihrer Art, sich für etwas zu begeistern. Doch er sagte leise zu David: »Wenn sie sich heute mal nicht zu viel vorgenommen hat.«

Auf der ersten Station des Ausfluges, dem Dom, waren Martin und David noch nicht ganz wach. Das Tempo, das Frau Berger vorlegte, aber auch ihr begeisterter Vortragstil, überforderte die beiden zu so früher Stunde. So konnten sie dem Dom wenig abgewinnen und trotteten hinter der Gruppe her. Dann zog die Klasse im Eilschritt zum nicht weit entfernt liegenden, alten jüdischen Friedhof.

Die Klassenlehrerin versammelte die Gruppe am Eingang. Hier waren das Leichenwaschhaus und der Brunnen. Sie erklärte viel und schnell und da Martin ziemlich weit hinten stand, bekam er nichts mit. Dann gingen sie an der ersten Gräberreihe vorbei. Die Lehrerin erklärte wieder dies und das. Doch Martin hatte genug. Er wollte sich erst einmal selbst einen Überblick verschaffen. Er schaute sich um und war beeindruckt von dem, was er da erblickte.

Martin sah sich lange den Friedhof von dem Weg aus an. Er dachte: ›Der Friedhof sieht ja ganz anders aus als das, was ich bisher an Friedhöfen so gesehen habe.‹ Er blickte sich weiter um. Die Gräber waren nicht geschmückt und man sah nur Grabsteine und Gras. Irritiert suchte er nach viereckigen Grabfeldern. Kann man da so einfach über die Toten laufen?

Toll fand er die Grabsteine – uralt, verwittert, mit hebräischen Schriftzeichen beschrieben. ›Die sind bestimmt mehrere Jahrhunderte alt‹, dachte er ehrfurchtsvoll. Viele der Grabsteine waren schon im Boden versunken und ragten nur noch mit einem Teil aus der Erde heraus.

Er ging zu einem Grabstein und berührte ihn. Dann schaute er wieder auf und merkte, dass die Gruppe schon weiter gezogen war.

David wartete auf seinen Freund und blieb bei ihm. Er spürte, dass Martin von dem Ort tief berührt war.

Sie kamen zu zwei Grabsteinen, auf denen kleine Steine, ein paar flache Wachskerzen und zusammengefaltete Zettel lagen.

»Was hat es mit den Gräbern da auf sich?«, fragte Martin.

»Das linke Grab ist für uns besonders wichtig. Hier liegt ein jüdischer Gelehrter aus dem Mittelalter«, sagte David und deutete auf eins der Gräber.

»Rabbi Meir von Rothenburg wird heute noch verehrt.«

»Wie du siehst, schmücken wir Gräber nicht mit Blumen, sondern mit Steinen. Sie erinnern an die Zeit, als man Tote durch Steine auf dem Grab vor wilden Tieren schützen wollte. Und die Zettel sind Bitten, die man dem Rabbi aufs Grab legt.«

Martin nickte.

Der Ruf der Lehrerin ertönte hörbar: »20 Minuten – keine Minute länger. Schaut bitte auf die Uhr!«

David und Martin gingen nach links über das Gräberfeld. David dirigierte seinen Freund zu dem ältesten Grabstein aus dem Jahre 1076. Dann zeigte er nach links. »Der Friedhof liegt außerhalb der alten Stadtmauer. Ich war einmal mit Ari hier. Er hat mir erklärt: Da Tote als unrein gelten, lag ein jüdischer Friedhof früher immer außerhalb der Stadt. Besonders Menschen aus der Priesterfamilie mussten sich vom Friedhof fern halten.«

»Priesterfamilie?«

»Kennst du Elias? Er war bei meinem Geburtstag. Der heißt mit Nachnamen Kohn. Jeder der so, Kohen, Kuhn, Kahn, Katz oder ähnlich heißt, gehört zu der Priesterfamilie. Die stammen von Aaron, dem Bruder des Mose ab und haben im alten Israel die Aufgabe gehabt, als Priester zu dienen. In der Zeit damals trugen sie den Namen Kohen.«

Martin horchte auf. Zwei Namen fielen ihm ein: Oliver Kahn und ein amerikanischer Sänger namens Leonard Cohen, den sein Vater gerne hörte. Er fragte David danach.

»Bei Oliver Kahn weiß ich nur, dass sein Name jüdische Wurzeln hat. Leonard Cohen stammt sicher von den alten Priestern ab.«

David deutete in Richtung der Umgrenzungsmauer des Friedhofs. »In der Mauer gab es kleine Fenster. Die waren für die Angehörigen der Priesterfamilien bestimmt, damit sie auch einer Beerdigung folgen konnten.«

Jüdische Grabsteine

Die beiden gingen nun eine Anhöhe hinauf. Dort tat sich ein weiteres Gräberfeld auf, das Martin eher an einen typisch deutschen

Friedhof erinnerte. Die Grabinschriften waren auch auf Deutsch geschrieben.

»Wenn ich einen jüdischen Friedhof besuche, dann schaue ich mir
gerne Gräber an«, erzählte David. »Da findet man Zeichen, die uns
viel über den Verstorbenen sagen.«

Im Gehen erklärte David: »Ein Davidstern zeigt allgemein: Hier ist
ein Jude begraben. Eine gebrochene Säule besagt: Der Tod des Menschen kam plötzlich. Wenn eine zerbrochene Rose zu sehen ist, dann
zeigt das, dass hier ein Kind liegt. Trauben zeigen, dass dort eine
Frau begraben liegt, die viele Kinder gut erzogen hat. Eine Palme
oder eine Zeder zeigen, dass hier ein weiser Mann ruht.

Tiere wie Löwe oder Hirsch geben Hinweis darauf, von welchem
der zwölf Stämme der Verstorbene abstammt. Bei mir könnte später
ein Löwe darauf sein. Ich stamme nämlich vom Stamm Juda ab.«

Martin schaute erstaunt, hob sich aber die Frage für später auf.

»Es gibt aber auch einige Hinweise auf wichtige Leute in der Gemeinde. Wenn eine Harfe zu sehen ist, dann weiß man: Hier liegt ein
Kantor.

Ein Widderhorn, ein *Schofar*, zeigt, dass hier der Schofarbläser der Gemeinde ruht.

Eine Gänsefeder oder ein Tintenfass bedeuten: Hier liegt ein Schreiber, der Heilige Schriften abgeschrieben hat.

Hier auf dem Wormser Friedhof findet man häufig zwei Motive. Der Ölkrug zeigt, dass hier ein Nachkomme der Tempeldiener, der Leviten liegt. Ein Krug zum Waschen der Hände symbolisiert Reinheit.«

»Wenn ich unsere Grabsteine anschaue, dann findet man auch Symbole darauf. Aber ich kenne deren tiefere Bedeutung nicht. Jedenfalls haben wir da weder im Konfirmanden- noch im Religionsunterricht darüber gesprochen«, sagte Martin nachdenklich und sprach weiter: »Aber ich habe da noch eine Frage. Du hast mir doch eben etwas von den Nachkommen Aarons und den zwölf Stämmen Israels erzählt. Woher wissen die Leute denn nach all den Jahrhunderten, von welchem Stamm sie abstammen?«

»Das weiß man eben bei uns. Uns ist unsere Herkunft und Geschichte sehr wichtig.«

»Und was hat es mit Leviten auf sich?«

»Das waren früher die Tempeldiener in Jerusalem. Jeder der Levi heißt, stammt von ihnen ab.«

»Auch der Erfinder der Levis-Jeans?«

»Auch der. Er war ein deutscher Jude, der nach Amerika ausgewandert ist.«

Erstaunt und nachdenklich schaute Martin auf seine Jeans.

Schließlich kamen sie an einen Grabstein, auf dem segnende Hände zu sehen waren.

»Hier ruht jemand aus der Priesterfamilie. Du weißt – die Nachkommen von Aaron.«

»Irgendwie erinnert mich die Handstellung an Mr. Spock vom Raumschiff Enterprise«, sagte Martin.

»Du hast Recht. So viel ich weiß ist der Schauspieler Leonard Nimoy Jude. Und der Friedensgruß der Vulkanier, *Langes Leben und Glück*, hat ja auch vieles von dem, was auch wir unter *Schalom* verstehen.«

Jäh wurde ihre Unterhaltung durch den Ruf und das wilde Winken ihrer Lehrerin unterbrochen.

»Es scheint Zeit zu sein«, bemerkte David trocken.

»Sieht so aus«, knurrte Martin.

Am nächsten Tag am Wasserturm saßen die beiden zusammen. Martin schaute nachdenklich zum Himmel.

»Weißt du – meine Eltern besprechen seit Wochen, ob wir das Grab der Urgroßeltern in Kaiserslautern weiter behalten können. Vor 25 Jahren wurde das Grab angemietet, als Urgroßvater starb. Die anderen Verwandten wohnen zu weit weg und sagen, sie wollen nichts mehr zahlen. Entweder zahlen wir alles, und das ist ein Haufen Geld, oder das Grab wird eingeebnet.«

David zuckte mit der Schulter.

»Bei uns dürfen jüdische Friedhöfe und Gräber nicht eingeebnet oder entfernt werden. Die Friedhöfe und Grabsteine können ruhig verwittern. Aber die Toten sollen für immer ihre Ruhe haben und ihre Körper unversehrt bleiben, bis der Messias kommt. «

BESUCH IN DER SYNAGOGE

Synagoge

David hatte nach der *Bar Mizwa* versprochen, Martin die *Synagoge* zu zeigen. Er fragte seinen Rabbiner, ob er an dem Tag Zeit hätte. Der freute sich sehr darüber und versprach, später dazuzukommen. Er gab David aber einen Schlüssel, dass sie sich schon umschauen konnten.

David und Martin gingen durch die Stadt zur *Synagoge*. Als Martin zur *Bar Mizwa* hier war, war er froh, dass ihn Davids Eltern mitgenommen hatten. Auf den ersten Blick hätte er das Gebäude nicht sofort als ein Gotteshaus erkannt. Es gab keinen Turm, es gab kein Glockengeläut oder irgendetwas, was für ihn ein Gotteshaus erkennen ließ.

Sie standen auf dem Vorplatz der *Synagoge*. David erklärte: »Für uns hat eine *Synagoge* viele Funktionen. Sie ist ein Haus für den Gottesdienst, für den Unterricht und für Feste und Feiern. Unser Rabbi erklärte uns, dass das Wort *Synagoge* aus dem Griechischen stammt und einfach nur *Versammlung* meint.

Hier finden also alle Arten der Gemeindeversammlung statt. Früher waren *Synagogen* sogar Herbergen für durchreisende Juden.

Synagogen sehen überall in der Welt unterschiedlich aus. Das liegt daran, dass man nirgends klar festgelegt hat, wie eine *Synagoge* auszusehen hat.

In Deutschland richteten sich die Erbauer der *Synagogen* nach dem jeweiligen Baustil der Zeit. So waren sie im Mittelalter mit Rundbögen oder mit Spitzbögen ausgestattet.«

»Stöhn! Kunstunterricht! Ich weiß: romanisch runde, gotisch spitze Bögen!«, rief Martin dazwischen.

David grinste und sprach weiter »Als wir in Worms waren, haben wir uns die *Synagoge* angeschaut. Sie ist zwar ein Nachbau der 1938 zerstörten *Synagoge,* aber man konnte gut sehen, dass das ein typischer Bau des Mittelalters war.«

Martin erinnerte sich an die zehn Minuten Aufenthalt in der Wormser *Synagoge.*

»Ich muss dabei auch an etwas anderes denken. Großvater Salomo hat mir mal eine alte Postkarte geschenkt. Er sagte: ›Die gehört wieder nach Deutschland, damit man sich daran erinnert, wie es einmal war‹. Die Karte zeigt die alte *Synagoge* von Landau. Auch diese wurde 1938 zerstört.«

Martin erinnerte sich an die Postkarte, die bei David im Zimmer hing. Er dachte, das hätte nur was mit Davids Geschichtsfimmel zu tun. Aber was war 1938? Er beschloss, zu Hause etwas darüber herauszufinden.

Menschen in der Synagoge

Inzwischen waren David und Martin in die *Synagoge* hinein gegangen. »Habt ihr denn hier auch einen Pfarrer?«, fragte Martin.

»Bei uns in der *Synagoge* gibt es Leute, die eine besondere Rolle spielen, aber keinen Pfarrer.

Da gibt es den *Gemeindevorsteher,* der mit dem Vorstand die Gemeinde leitet.

Dann gibt es den *Rabbiner.* Von dem habe ich dir ja öfters schon erzählt. Der kommt übrigens später noch. Er weiß gut Bescheid über alles, was man über das Judentum wissen muss. Mit ihm kann man auch sehr gut über die *Tora* reden, wenn man etwas nicht versteht.

Für den Gottesdienst haben wir den *Kantor,* den *Chazzan.* Er ist fest für den Gottesdienst angestellt. Er und der *Gemeindevorsteher* leiten den Gottesdienst. Der *Kantor* stimmt die Gebete an, die gesungen werden. Musik mit Instrumenten ist bei uns in der Synagoge nicht erlaubt. Allerdings gibt es da Unterschiede. In manchen reformierten Gemeinden gibt es eine Orgel und sogar einen Chor.

Wenn ich es mir aber recht überlege, sind wir alle wichtig. Ein richtiger Gottesdienst findet schließlich nur statt, wenn mindestens zehn Männer, die schon die *Bar Mizwa* haben, zusammen kommen. Den Kreis von zehn Männern nennt man *Minjan,* das heißt *Zahl.* Mirjam würde jetzt widersprechen. Das liegt daran, dass bei ihrer Gemeinde diese Regel gelockert ist. Da können auch Frauen zum *Minjan* gehören. Aber hier geht ohne uns Männer gar nichts.«

»Gut, dass Mirjam das nicht gehört hat.«

»Stimmt«, schmunzelte David.

»Auch sonst wird manches unterschiedlich geregelt, wie beispielsweise die Sitzordnung von Männern und Frauen. In manchen Gemeinden sitzen Männer und Frauen zusammen. So ist es bei Mirjam in Haifa. In den meisten *Synagogen* sitzen Frauen und Männer getrennt. Frauen sitzen entweder hinter einer Trennwand, der *Mechiza,* oder auf einer Empore. Mein Vater sagte im Spaß einmal: »Es ist gut, dass die Frauen aus dem Blick sind. Das lenkt weniger ab.«

Martin musste lachen.

In der Synagoge

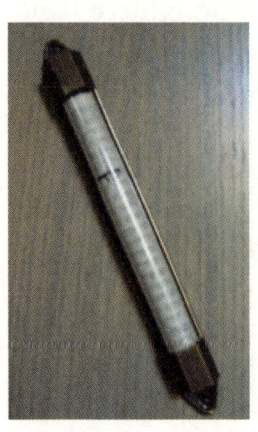

In der Vorhalle zum Synagogenraum blieb David kurz stehen und deutet auf eine Kapsel, die schräg an der Wand angebracht war.

»An Türen, besonders von *Synagogen,* befindet sich die *Mesusa.* Das bedeutet auf Hebräisch *Pfosten.* Kannst du dich erinnern, als ich dir das *Sch'ma Israel* vorgelesen habe?«

Martin nickte.

»Darin steht auch etwas, wie man die *Mesusa* anbringen soll. Die *Mesusa* ist eigentlich ein

kleiner Behälter. Auch in ihm befindet sich der Text des *Sch'ma Israel*.«

Am Eingang sahen David und Martin auch einen Korb, der mit Kippas gefüllt war.

»Die *Kippa* kennst du ja schon. Nicht nur in der Synagoge soll eine getragen werden. Bei allen religiösen Handlungen, auch außerhalb der Synagoge, ziehen wir eine *Kippa* an. Besonders fromme Juden tragen sie immer.«

»Muss ich jetzt auch eine anziehen? Es ist doch kein Gottesdienst?«

»Klar doch. Aber hier hast du noch eine Spange«, sagte David.

David und Martin gingen in den Gottesdienstraum.

»Wie du gesehen hast, tragen Männer im Gottesdienst auch ihren Gebetsschal, den *Tallit*. Mein Vater hat mich früher im Gottesdienst manchmal unter seinen *Tallit* genommen und einen Segen gesprochen.«

Martin fand dieses Bild sehr beeindruckend.

Auf einer Sitzbank sah Martin ein Buch liegen.

»Ist das ein Gesangbuch?«

»Fast. Es sind Gebetbücher für den Gottesdienst. Ein solches Gebetbuch heißt *Siddur*. Das meint *Ordnung*.

Im *Siddur* finden wir die wichtigen Gebete, die im Gottesdienst gesprochen oder gesungen werden.«

Die beiden standen auf der Höhe einer Empore. Martin

erinnerte sich gut. Von hier aus hatte David zum ersten Mal aus der Tora vorlesen dürfen. »Das ist unsere *Bima,* was soviel wie *Vorlese- pult* heißt. Auf ihr werden die Tora-Rollen ausgerollt. Da sind auch die *Schabbat-Kerzen* der Synagoge.«

Die beiden gingen weiter. Martins Blick fiel auf eine große, reich ausgestattete Tür. Er erinnerte sich: Hier wurde die große Schriftrol- le herausgeholt.

David erklärte: »Das ist das Herzstück jeder *Synagoge*. Wir nennen es den *Tora-Schrein*. Da die *Tora* der Mittelpunkt unseres Glaubens ist, steht auch der *Tora-Schrein* im Zentrum. In ihm werden die *Tora-Rollen* aufgehoben. Sieh mal über der Tür. Das ist eine Darstellung von Jerusalem. In diese Richtung zeigt auch der Schrein.«

Martin schaute genauer hin. Der Vorhang, der den Schrank abdeckte, war wertvoll und aufwendig gestaltet. Überhaupt konnte man spüren, dass hier etwas Wichtiges sein musste.

Martin erinnerte sich an ein Tuch, das den Schrein in der Wormser Synagoge abdeckte. David erklärte: »Häufig werden wichtige Symbole abgebildet: Gebotstafeln oder ein David-Stern. Das Symbol, das du in Worms gesehen hast, ist die *Menora*, der *siebenarmige Leuchter*, der im Tempel in Jerusalem stand. Das Symbol erinnert an die sechs Tage der Schöpfung, der Arm in der Mitte an den Ruhetag. Das Motiv findet sich häufig auf Tüchern oder Vorhängen. Aber es gibt keinen siebenarmigen Leuchter in der *Synagoge*. Dieser Leuchter allein ist dem Tempel in Jerusalem vorbehalten.«

Martin blickte auf den großen mehrarmigen Leuchter, der neben dem Schrein stand. »Hast du nicht eben gesagt, es gibt keinen Leuchter in der Synagoge? Und was ist das?«

»Schau doch mal genau hin: Wie viele Arme hat dieser Leuchter?«

»Ups! Das sind ja neun – *Chanukka!*« David nickte.

In der Nähe des *Tora-Schreins* befand sich auch ein Licht, das leuchtete. »Die Lampe heißt *Ewiges Licht*, hebräisch *Ner Tamid*. Sie zeigt, dass die *Tora* im Schrein liegt. Außerdem soll sie uns an das Licht des Tempels in Jerusalem erinnern. Der Rabbi hat uns hierzu erklärt, dass das eigentliche Gotteshaus für uns Juden der Tempel in Jerusalem sei. Der wurde aber durch die Römer vor 2000 Jahren zerstört. Nach unserem Verständnis ist eine Synagoge nur ein Ersatz, eine Übergangslösung, bis der Tempel wieder errichtet wird. Deshalb sagen wir bei den großen Festen zueinander: *Nächstes Jahr in Jerusalem.*«

In diesem Augenblick kam der Rabbiner zur Tür hinein und ging mit einem freundlichen Lächeln auf die beiden zu. »Hallo, schön

113

dass ihr da seid. Martin, ich habe dich bei der Bar Mizwa von David oben auf der Empore und beim Fest gesehen.«

Martin nickte und lächelte zurück.

David erzählte, was sie sich bisher angeschaut hatten.

»Na, dann will ich euch mal unser Herzstück öffnen.«

Er ging zum *Tora-Schrein* und öffnete ihn. Martin konnte nun aus der Nähe die *Tora-Rollen* sehen.

»David hat dir bestimmt schon gesagt, dass die Tora das Wichtigste für uns ist. Wir schließen die *Tora-Rollen* weg, wenn kein Gottesdienst ist. Zu Beginn jedes Gottesdienstes wird dann der Schrein geöffnet.

Wie du siehst sind die *Tora-Rollen* in Tücher aus Samt oder Seide eingehüllt. Die Holzrollen sind mit einer wertvollen *Tora-Krone* oder mit zwei silbernen Aufsätzen bedeckt, die wir *Rimonim* nennen. Manche erinnern an Granatäpfel. Meist sind Glöckchen an den Aufsätzen. Auch das silberne *Tora-Schild* wird verziert. Wenn die *Tora-Rolle* aus dem Schrein heraus getragen wird, dann klingeln die Glöckchen. In diesem Moment stehen wir im Gottesdienst auf. Um die *Tora-Rolle* selbst herum wird ein Gürtel gebunden, der die Rolle zusammen hält. Dieser ist traditionell aus einem Stofftuch gemacht, auf dem die *Beschneidung* eines Jungen stattfand.

Im Gottesdienst wird die *Tora-Rolle* auf die *Bima,* gelegt und aus der Umhüllung herausgeholt. Der *Jad,* das heißt *Hand,* ist ein Stab in Form einer Hand. Der hängt an vielen *Tora-Rollen* gleich mit daran. Wir wissen nie, ob unsere Finger nicht doch unrein sind. Mit Hilfe des *Jad* können wir so in der Tora lesen, ohne dass man mit den Fingern beim Lesen die Tora berühren muss.«

Martin erinnerte sich daran, wie der Rabbiner mit der Metallhand über die Zeilen fuhr, die David bei der *Bar Mizwa* vorzulesen hatte.

»Ein besonderer Tag für uns ist das Fest *Simchat Tora* im Herbst. Einmal im Jahr werden dann alle *Tora-Rollen* herausgeholt. Wir freuen uns, dass es die Tora gibt und zeigen das auch, indem wir in der *Synagoge* tanzen und singen.«

»Das ist am Ende von *Sukkot*«, ergänzte Martin und der Rabbiner schaute ihn erstaunt an.

»Er hat eine gute Lehrmeisterin. Mirjam schreibt ihm öfters mal«, lächelte David verschmitzt dem Rabbiner zu und Martin schaute verärgert seinen Freund an.

Heilige Schriften

»David, du hast bei mir einiges darüber gelernt, was man über die Tora wissen sollte. Leg mal los ...«, forderte der Rabbi auf, wohl um Davids Übermut zu zügeln. David begann zu schwitzen. ›Hoffentlich sage ich jetzt nichts Falsches‹, dachte er.

»Nun. *Tora* bedeutet *Weisung*. Der Rabbi erklärte uns damals den Namen damit, dass in der Tora die wichtigen *Wegweiser* für unser Leben stehen. Eigentlich ist die *Tora* eine Sammlung von fünf Büchern, die bei euch fünf Bücher Mose heißen. Bei uns werden die Bücher nach ihrem ersten Wort benannt. Sie heißen

B'reschit   –   Im Anfang
Bemidbar   –   In der Wüste
Wajikra   –   Und es rief
Schemot   –   Namen
Dewarim   –   Worte.

Das erste Buch erzählt vom Anfang der Welt und von unseren Vorfahren Noah, Abraham, Isaak, Jakob und Josef. Die vier anderen Bücher handeln von Mose und der Rettung des Volkes Israel aus der Gefangenschaft in Ägypten.

Den Namen *Wegweiser* hat die Tora daher, weil dort die wichtigsten Regeln für das Zusammenleben drinstehen. So finden sich in der Tora die Zehn Gebote oder auch die Speisevorschriften.«

»Na wenn bei allen so viel hängen bleibt, wäre ich wirklich froh«, sagte der Rabbi und erklärte weiter. »Für eine Rolle dürfen nur Häute reiner Tiere verwendet werden. Alles muss genau abgeschrieben sein, jeden Buchstaben muss man nachzählen können. So muss beispielsweise der erste Buchstabe des Alphabets, der Buchstabe Aleph, am Ende 42 377 Mal vorkommen.«

Martin schluckte. Er stellte sich vor, all die Buchstaben in einer Bibel nachzählen zu müssen.

Der Rabbi ging mit den beiden in einen Seitenraum. Dort hatte er schon Tee und Kekse bereitgestellt, über die sich die beiden gleich hermachten. Er holte eine Abbildung heraus, die Martin an seinen Religionsunterricht erinnerte.

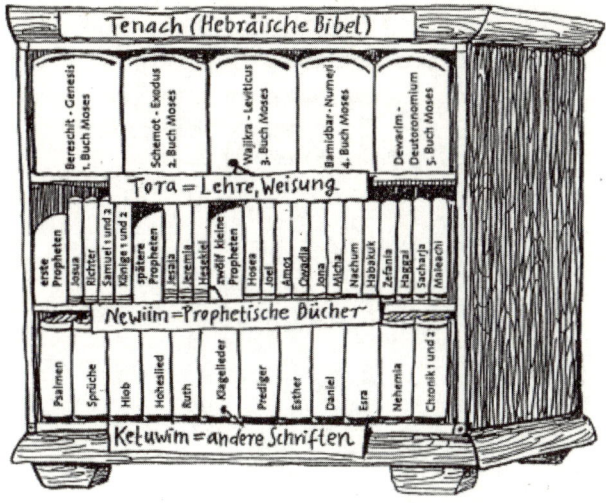

So ein Bibelregal hatte er auch in seinem Heft aus der fünften Klassen kleben – nur anders. Es fehlte natürlich das Neue Testament und die Bücher standen in einer anderen Reihenfolge. Der Rabbiner erklärte hierzu:

»Die Tora ist nicht die einzige heilige Schrift, die wir verwenden. Die ganze Schrift heißt bei uns *Tenach*. T–N–C, das ist die Abkürzung der Worte

Tora

Newiim – das bedeutet Propheten,

Ketuwim – das heißt Schriften.

Unter den Schriften spielen einige bei großen Festen eine besondere Rolle. So hören wir beispielsweise an *Sukkot* das Buch Rut ...«

»... und an Purim wird die Ester-Rolle vorgelesen«, ergänzte Martin und David lächelte verschmitzt den staunenden Rabbi an.

Der Rabbi erklärte weiter. »In diesem Raum findet auch das Talmudstudium statt.«

Er holte ein Buch und öffnete es.

»*Talmud* bedeutet *Belehrung*. Der Talmud hat über 10 000 Seiten und legt die Tora aus. Man braucht ein Leben lang, um ihn auch nur ansatzweise studieren und verstehen zu können. Das Besondere an ihm sind die Kommentare bedeutender Gelehrter. Einer der Kommentare stammt von Raschi, der im Mittelalter in Worms studiert und gelehrt hat.«

»*Raschi-Haus* in Worms. Da waren wir miteinander auf einem Ausflug«, platzte es aus Martin heraus.

Wieder nickte der Rabbi zufrieden. »Die unterschiedlichen Texte und Kommentare bieten viele Möglichkeiten zu diskutieren. Oft stehen in den Kommentaren unterschiedliche Meinungen nebeneinander.«

Der Rabbiner zeigte nun auch den Rest der *Synagoge*. Wie Davids Mutter schon erzählte, gab es in der Mannheimer *Synagoge* zwei Küchen. Auch die *Mikwe* durfte er sehen.

Der Rabbi erklärte kurz etwas zu den Speiseverboten. Martin musste lächeln, als er daran dachte, wie David an seinem Geburtstag mit dem koscheren Gummibärchenkuchen ankam. Schließlich verabschiedete sich der Rabbi und die beiden gingen nach Hause.

Am Abend setzte sich Martin an seinen Computer und surfte im Internet. Das mit den Synagogen in Worms und Landau und der Zahl 1938 ging ihm nicht aus dem Kopf. Was war damals passiert?

Er fand bald die Antwort.

Es war eine Nacht, in der in ganz Deutschland Synagogen brannten. Überall wurden am 9. November 1938 Gebäude zerstört und Leben ausgelöscht.

Ihn interessierte, ob das auch in seiner Heimatstadt Kaiserslautern der Fall war. Und wirklich: Er fand ein Bild der alten, zerstörten Synagoge. Er druckte das Bild aus und hängte es sich an die Wand.

Hebräisch

Martin hatte Mirjam von dem Tag in der Synagoge geschrieben und umgehend Antwort erhalten. Wieder lag einer der Luftpostbriefe, die er so sehr mochte, auf dem Schränkchen im Flur. Schnell ging er in sein Zimmer und begann zu lesen.

Schalom Martin,

Dein Brief hat mich sehr gefreut. Toll, dass Du jetzt auch etwas über die Synagoge weißt. Da bist Du wohl reif für etwas mehr, oder? Ich will dir ein wenig die hebräische Sprache erklären, die bei uns im Gottesdienst verwendet wird.

Auch wenn Hebräisch seit über 2000 Jahren keine gesprochene Alltagssprache mehr ist, halten wir an ihr fest. In Israel wurde eine neuhebräische Sprache namens Ivrit geschaffen, die an die alte Sprache anknüpft. Vielleicht kommst Du uns ja mal besuchen – dann kann ich Dir darüber mehr erzählen und ich bringe Dir etwas bei.

»Reizvolle Idee«, dachte sich Martin.

Jetzt aber zum Hebräischen. Ich habe Dir den Anfang der Tora kopiert und lege Dir unser Alphabet mit Hinweisen bei, wie man die Buchstaben ausspricht.

GENESIS. בְּרֵאשִׁית

1 בְּרֵאשִׁית בָּרָא אֱלֹהִים אֵת הַשָּׁמַיִם וְאֵת הָאָרֶץ׃ וְהָאָרֶץ
הָיְתָה תֹהוּ וָבֹהוּ וְחֹשֶׁךְ עַל־פְּנֵי תְהוֹם וְרוּחַ אֱלֹהִים מְרַחֶפֶת עַל־פְּנֵי
הַמָּיִם׃ וַיֹּאמֶר אֱלֹהִים יְהִי אוֹר וַיְהִי־אוֹר׃

Hebräisches Alphabet

Hebräischer Buchstabe	Name	Lautewert
א	Aleph	A-Laut
ב	Beth	b oder w
ג	Gimel	G
ד	Daleth	D
ה	He	h
ו	Waw	v, w
ז	Zajin	S
ח	Het	Ch
ט	Thet	T
י	Jod	i, j
כ am Wortende: ך	Kaph	k, ch
ל	Lamed	L
מ am Wortende: ם	Mem	M
נ am Wortende: ן	Nun	N
ס	Samech	S
ע	Ajin	A-Laut
פ am Wortende: ף	Pe	p, f
צ am Wortende: ץ	Sade	z
ק	Qoph	k, q
ר	Resch	r
ש	Sin/Schin	s, sch
ת	Taw	t

Den ersten Satz der Tora spricht man übrigens so aus:

Bereschít bará elohim

ät haschamajim wè ät ha'arez.

Jetzt ein paar Rätselaufgaben: Um Hebräisch lesen zu können, muss man die erste Regel kennen:

FUHCS GNAFNA MA

EDRE DNU LEMMIH TTOG

Also lautet die erste Regel?

....

Die zweite Regel des Hebräischen kannst Du hier erkennen.

DR DN LMMH TTG FHCS GNFN M

Diese Regel lautet?

....

Ich bin gespannt auf Deine Antwort.

Deine Mirjam

Martin hatte das Rätsel schnell gelöst.

Die erste Regel lautete: Hebräisch wird von rechts nach links gelesen. Die zweite Regel war: Im Hebräischen werden die Konsonanten, aber nicht die Vokale geschrieben.

Am meisten hatte ihn an dem Brief die Aussicht fasziniert, irgendwann einmal nach Israel zu kommen und Mirjam zu besuchen. »Wann das wohl sein wird?«, murmelte er vor sich hin.

Bedrückende Begegnungen

Ein unangenehmer Besuch

An einem Wochenende kamen Martins Onkel Herbert und Tante Astrid zu Besuch. Astrid war die ältere Schwester von Martins Mutter und führte sich meist auf, als ob sie ihre Schwester heute noch erziehen würde. Martin durfte wegen des Besuchs über das Wochenende nicht zu David und musste seine guten Kleider anziehen, was ihm nicht sonderlich passte.

Am Freitagabend saß die Familie nach dem Abendessen beisammen. Es ging um Politik. Onkel Herbert war im Stadtrat und konnte nicht aufhören, lang und breit über alles Mögliche zu diskutieren. Astrid übernahm dann gerne großspurig das Wort. Martins Eltern nickten meist nur.

Martin sah sich gelangweilt das Fernsehprogramm an. Er schaute nie viel fern, las lieber, spielte am Computer oder verbrachte seine Zeit mit David. Beim Samstagsprogramm stieß er aber auf einen Film, der ihn brennend interessierte. Er hieß *Schindlers Liste*. In der Beschreibung stand, dass der Film über den Nationalsozialismus, Judenverfolgungen ging und von einem Mann handelte, der in dieser Zeit versuchte, Juden zu retten. Martin wurde erneut klar, dass er viel zu wenig über diese Zeit wusste.

»Den muss ich sehen«, sagte er sich und fragte seine Eltern. Bevor diese etwas sagen konnten, polterte Tante Astrid dazwischen:

»Nicht schon wieder so ein Film! Ist es nicht furchtbar, dass nach all den Jahren immer noch darauf herumgeritten wird, was damals passiert ist? Es muss doch endlich vorbei sein. Und dass das deutsche Fernsehen dabei mitspielt. Andauernd senden sie Berichte und Filme darüber. Als ob es nichts Wichtigeres gäbe.«

Martins Vater widersprach: »Aber Astrid, du kannst doch nicht leugnen, dass die Auseinandersetzung mit diesem Teil unserer Geschichte gerade für Jugendliche wichtig ist.«

Astrid bekam einen roten Kopf.

»So, meinst du? Du willst wohl, dass auch dem Jungen ein schlechtes Gewissen gemacht wird, wie das bei uns der Fall war? Eines will ich dir sagen. Es geht denen doch immer nur ums Geld. Das war immer schon so.«

Martin rutschte verlegen hin und her. Das Letzte verstand er nicht. Er wollte doch nur einen Film anschauen!

Nun legte Onkel Herbert los: »Und außerdem: Wer sich politisch auskennt, der weiß, dass auch die Israelis Dreck am Stecken haben. Ihr wisst doch, was die mit den Palästinensern machen? Mir braucht jedenfalls keiner von denen zu kommen und etwas vom Dritten Reich zu erzählen.«

Martins Vater widersprach nun heftig: »Was hat das eine denn mit dem anderen zu tun?« Martins Mutter legte die Hand auf sein Bein, um ihn zu bremsen. Martin wusste: Normalerweise polterte sein Vater bei Stammtischparolen dazwischen, doch seine Mutter beendete das Ganze.

»So, ihr Lieben. Ich bin ziemlich kaputt von der Woche. Und morgen machen wir ja einen Ausflug in den Odenwald. Ich denke, wir gehen jetzt zu Bett.«

Martin konnte in dieser Nacht kaum schlafen.

Was bedeutete das alles? Was meinte Astrid mit: ›Denen geht es nur ums Geld‹? Und war es richtig, dass sich seine Eltern zurückgehalten haben? Hätte er vielleicht etwas sagen sollen? Ohnmächtige Wut stieg in ihm auf.

Am nächsten Tag durfte Martin den Film natürlich nicht sehen – um des lieben Friedens willen.

Stolpersteine

Als am Montag die beiden Freunde nach Hause gingen, da spürte Martin, dass nicht nur er am Wochenende etwas erlebt hatte, das ihn zum Nachdenken brachte. Wie immer, wenn es etwas zu bereden gab, setzten sich die beiden am Wasserturm auf eine Bank.

Lange schwiegen sie, bis David zu reden begann.

»Hast du heute Zeitung gelesen?«

»Ich lese nicht so gerne Zeitung. Wenn, dann schaue ich mir den Comic und die Sportseiten an.«

»Am Freitag sind zwei jüdische Friedhöfe verwüstet worden. Man hat Grabsteine umgeschmissen und auf andere draufgesprüht. Ich habe mir das Bild eingesteckt. Hier, sieh mal.«

Martin sah das Bild an und wurde blass. Sollte er jetzt noch David etwas von seinem Wochenenderlebnis erzählen?

Er entschied sich stattdessen, danach zu fragen, was es mit dem Bild und der Zerstörung auf sich hatte.

David blickte Martin zum ersten Mal richtig finster an, so dass es ihm fast unheimlich wurde.

»Sag mal, wo lebst du denn? Immer wieder passiert so etwas. Da gibt es Leute, die sich einen Spaß daraus machen und glauben, so etwas sei witzig. Aber es gibt auch solche, die Parolen wie: ›Jude verrecke!‹ vollkommen ernst meinen. Schlimmer noch. Unsere *Synago-*

gen sind nicht ohne Grund mit Video überwacht und einem direkten Draht zur Polizei ausgestattet. Es kann immer sein, dass Neonazis kommen und hier etwas anrichten.«

Martin schaute irritiert. Das mit der Videoüberwachung hatte er nicht bemerkt. Auch hatte er zwar schon von Neonazis gehört, fragte aber lieber nach.

David erklärte: »Das sind Leute, die denken, dass es wieder so sein soll wie damals, als Hitler und seine Nazis das Land regierten und Millionen Juden umbrachten.«
    ›Hätte ich doch bloß am Wochenende diesen Film gesehen‹, dachte sich Martin.

»Bei uns hier gibt es immer welche, die am liebsten nichts hören und sehen wollen von dem, was damals passiert ist«, erklärte David weiter. »Und es gibt die, die gerade so weitermachen wollen. Besonders bei den Glatzen bin ich vorsichtig.«

Martin schoss eine Szene durch den Kopf. Als beide vor etwa einem Monat ihren üblichen Nachhauseweg gehen wollten, da sahen sie eine Gruppe von jungen Männern im Park am Wasserturm. Als David sie entdeckt hatte, war er völlig untypisch nach links abgebogen. So waren sie auf einem anderen Weg nach Hause gegangen. David hatte einfach gesagt: »Wir versuchen mal diesen Weg. Vielleicht ist der auch schön.«

»Die Glatzen sind das eine«, ergänzte David. »Mindestens genauso viel Angst habe ich vor den Leuten, denen man es nicht ansieht, dass sie Neonazis sind. Ich bin mir sicher, dass es auch auf unserer Schule welche gibt, die leugnen, dass es jemals Judenverfolgungen und millionenfache Morde gegeben hat, oder die sich einen Spaß daraus machen, Synagogen und Grabsteine zu beschmieren. Deshalb bin ich auch vorsichtig, groß herumzuposaunen, welcher Religion ich angehöre.«
    »Aber du hast doch bloß eine andere Religion?«

128

»Das interessiert die nicht. Kannst du dich an den *Sündenbock* erinnern, der am *Jom Kippur* in die Wüste geschickt wurde?«

Martin nickte.

»So ähnlich ist das. Viele der Neonazis denken, ihnen und Deutschland gehe es schlecht, weil es angeblich zu viele fremde Leute hier gibt. Dass sie etwas gegen Juden haben, hat noch andere Gründe. Die meisten Neonazis haben wohl noch nie einen Juden gesehen. Sie übernehmen einfach nur alte Vorurteile, die es in Deutschland schon lange gibt.«

Martin musste an Tante Astrid und Onkel Herbert denken und fragte: »Gibt es ein Vorurteil gegen Juden, das mit Geld zu tun hat?«

David schaute Martin nachdenklich an und erklärte: »Ja. Seit dem Mittelalter denken manche, Juden ginge es nur ums Geld. Es hat viele Gründe, warum dieses Vorurteil entstanden ist. Unter anderem durften Juden in dieser Zeit keine normalen Berufe ausüben, sondern nur Geldverleih und Bankgeschäfte. Weil aber Banken und Geldverleiher Zinsen nehmen und auch Geld eintreiben, kam dieser Ruf auf.«

Beide saßen noch eine Weile und sagten nichts. Dann erzählte Martin doch noch von seinem Wochenende. David hörte sich all dies schweigend an und sagte schließlich:

»Ich wohne unheimlich gerne in diesem Land. Ich weiß, dass die meisten Leute hier in Ordnung sind. Frau Berger, unsere Geschichtslehrerin, zum Beispiel. Die ist politisch engagiert. Sie organisierte das mit dem Glaswürfel in der Fußgängerzone mit und ist bei Veranstaltungen gegen Neonazis dabei.«

Martin erinnerte sich an den Glaswürfel in der Fußgängerzone, auf dem die Namen der Mannheimer Juden stehen, die verschleppt und getötet wurden. Er machte ihm zum ersten Mal bewusst, wie viele Menschen jüdischen Glaubens es einst in der Stadt gegeben hatte.

»Jedenfalls war sie mit einer Gruppe von Leuten vor ein paar Wochen bei uns in der Synagoge«, erzählte David weiter. »Es wurde darüber gesprochen, wie man etwas gegen die Judenfeindlichkeit und gegen Vorurteile machen kann. Sie hat mich damals beiseite genommen und mir gesagt, wenn an der Schule etwas in diese Richtung läuft, soll ich sofort zu ihr kommen.«

Martin hörte interessiert zu. Er mochte die junge Lehrerin und nun stieg sie in seiner Achtung.

»Andere legen sich für die *Stolpersteine* ins Zeug«, erklärte David weiter.

»Stolpersteine?«

»In vielen Städten werden vor Häusern, in denen einst Juden gewohnt haben, kleine Metallplatten in die Straße eingebaut. Darauf stehen die Namen der Verschleppten und wann sie abtransportiert wurden. Meine Eltern und ich waren in Neustadt, Frankfurt und anderen Städten und haben uns die Steine angeschaut.«

David blickte wieder ernst zu Boden und sagte schließlich: »Trotz alledem weiß ich aber, dass man aufpassen muss. Solange es hier und anderswo Leute gibt, die Vorurteile einfach weiter verbreiten, Anschläge auf jüdische Einrichtungen verüben oder Friedhöfe zerstören, solange ist Vorsicht angesagt.«

Martin verstand nun so einiges, was er bisher bei David schon an Vorsicht gespürt hatte. Er überlegte: ›Wie hätte ich mich wohl verhalten, wenn ich als Jude in diesem Land mit seiner Geschichte leben müsste? Vielleicht wäre ich sogar noch vorsichtiger als David.‹

Nachdenklich trotteten die beiden nach Hause.

ZEIT-REISE IN DIE JÜDISCHE GESCHICHTE

Eine Reise nach Israel

Das Gespräch schweißte die beiden Freunde mehr denn je zusammen. Martin las seither aufmerksamer die Zeitung. Ab und an tauchten Hinweise auf, die deutlich machten, was David damit meinte, wenn er zur Vorsicht mahnte. Immer wieder gab es Übergriffe auf jüdische Einrichtungen oder Zerstörung von Gräbern. »Was geht in den Köpfen dieser Leute nur vor?«, dachte sich Martin.

Es war nun schon ein Jahr her, dass sich Martin und Mirjam bei Davids *Bar Mizwa* zum letzten Mal begegnet waren. David war inzwischen einmal in Israel gewesen und brachte ein ganzes Paket voll Sachen mit, die ihm Mirjam für Martin mitgegeben hatte. Martin schrieb ihr ab und zu, aber das genügte ihm nicht. Bald feierte er seinen vierzehnten Geburtstag. Er wollte Mirjam vieles erzählen, über die Musik, die ihm wichtig war, über das, was ihm über das Leben so im Kopf herumging. Einmal durfte er nach Haifa telefonieren. Aber es war nur belangloses Geplapper, das er in der Kürze der Zeit herausbrachte.

Ari war gerade wieder einmal in Deutschland und brachte Martin einen Brief mit, den er ihm lächelnd übergab. Als die Jungs mit den Hausaufgaben fertig waren, blieb Martin noch bis zum Abendessen. Er hörte, wie Ari für David und seine Familie eine Israelreise in den Herbstferien plante. »Kommt Mirjam dieses Jahr nicht nach Deutschland?«, fragte Martin zögerlich. Ari schüttelte den Kopf. »Ich muss im Sommer in die USA und nehme Mirjam mit.«

Enttäuscht blickte Martin ins Leere.

Ari breitete auf dem Wohnzimmertisch eine Israelkarte aus. Er wollte mit Mirjam und David eine kleine Rundreise machen. »Vier Tage müssten reichen für das Programm, das ich mir ausgedacht habe. Es soll ja nur ein erster Eindruck sein.«

David schaute auf die Karte. Dann sah er Martin, Ari und seine Eltern lange an. Bedächtig sagte er:

»Sagt mal, kann Martin nicht mit?«

Alle schauten verdutzt – außer Ari, der mit dieser Frage wohl schon gerechnet hatte.

»Da muss man wohl erst einmal seine Eltern fragen. Schließlich ist er im Herbst erst vierzehn«, sagte Davids Mutter.

Ari durchbrach die Unsicherheit: »Solange es die zwei Jungs in einem Zimmer aushalten, ginge das für mich in Ordnung. Also, ich würde mich sehr freuen, dich dabei zu haben. Und ich bin mir sicher, Mirjam auch«, lächelte er.

Martin wurde rot, aber es freute ihn riesig, dass es anscheinend für Ari in Ordnung ginge. Er konnte es kaum erwarten, nach Hause zu gehen und seinen Eltern von dieser Einladung zu erzählen.

Als seine Eltern von den Plänen erfuhren, waren sie zunächst alles andere als begeistert. Sie hatten Angst.

»In den Nachrichten ist seit Jahren immer nur von Terroranschlägen und Krieg die Rede, wenn es um Israel geht«, sagte Martins Vater besorgt. So kam es schließlich, dass Davids Eltern zum ersten Mal seit all den Jahren die Familie von Martin besuchte. Die besorgten Eltern wurden nur teilweise beruhigt. Aber nach einer Woche willigten sie endgültig ein.

Ein halbes Jahr später standen David, seine Familie und Martin auf dem Flughafen in Frankfurt. Für Martin war es die erste Reise ohne die Eltern. Ihn wunderten die Sicherheitsvorkehrungen, die lange Wartezeit und Fragen wie: »Haben Sie ihren Koffer selbst gepackt?« Finster dreinschauende Sicherheitskräfte zeigten, dass die Gefahr von Bombenanschlägen auf die israelische Fluglinie *El Al* wohl groß war. Aber schließlich flogen sie los.

Als das Flugzeug ein paar Stunden später in Tel Aviv landete, stieg Martin aus und spürte die Wärme, die in der Luft lag. Er atmete tief ein. Die Luft war schwer, warm und es roch nach Meer. Als sie zum Ausgang des Flughafens kamen, warteten da schon Ari, Yvonne und Mirjam. Sie strahlte über das ganze Gesicht. Alle umarmten sich zur

Begrüßung. Mirjam schnappte sich den Arm von Martin und gelei-
tete ihn zum Auto.

»Ich hoffe, du hast genug Ausdauer mitgebracht. Wir haben einiges
mit euch in den zehn Tagen vor«, deutete sie Martin an. Er freute
sich sehr, sie wieder zu sehen.

Es dauerte eine Zeit, bis sie Haifa erreichten. Langsam dämmerte es
und die gelben Lichter der entgegenkommenden Autos ließen Martin spüren, dass er nun in einer anderen Welt war.

Nach dem Abendessen saßen sie zusammen und unterhielten sich.
Die Erwachsenen fingen an, über Politik zu reden.

Die drei Freunde zogen sich in Mirjams Zimmer zurück. Dort
hingen Poster verschiedener Künstler. Eines davon sah etwas anders
aus als die normalen Poster der Pop-, Rock- und HipHop-Musiker,
die Martin kannte. Er schaute es sich interessiert an.

»Das ist Matisyahu«, erklärte Mirjam. »Sag bloß, du hast noch nie
etwas von ihm gehört?

Martin schaute sie irritiert an
und schüttelte den Kopf.

»Der ist einfach super. Er kommt
aus New York und hat eine span-
nende Lebensgeschichte. Und
seine Musik ist bei uns hier
Kult. Warte mal, ich lege eine
CD auf.«

Martin hörte Reggae-Töne
mit Sprechgesang.

»Matisyahu vertont besonders
Verse der Heiligen Schriften. Seine Texte haben also Tiefgang.«

»Tiefgang.« Genau das Wort
war Martin auch wichtig, wenn
er über Musik nachdachte.

David kannte Matisyahu, aber er mochte keinen Reggae. Daher entzog er sich dem Gespräch zwischen Mirjam und Martin. Auf dem Tisch entdeckte er ein Buch. Ari hatte es Mirjam zum Geburtstag geschenkt. Es ging über die frühe Geschichte Israels und Ausgrabungen im Land.

Als nach einer halben Stunde Mirjam und Martin mit dem Austausch über ihre Musik fertig waren, schaute Mirjam zu ihrem Cousin hinüber. Stolz sah sie auf das Buch, das nun David in Händen hielt. Sie hatte es extra auf dem Tisch liegen lassen, weil sie wusste, dass sich David dafür interessierte. Auch sie fand das Thema total spannend. Ihr Kindheitstraum war früh schon, Archäologin zu werden.

Martin sah, weswegen sich sein Freund zurückzog und frotzelte: »Ist wohl etwas für deinen Geschichtsfimmel?«
David sah ihn verschnupft an. Mirjam ließ aber diese schnippische Seitenbemerkung nicht so einfach stehen.

»Hey – Geschichte ist wichtig!«, sagte sie aufgebracht.
»Wer seine Geschichte nicht kennt und wach hält, der geht in der Geschichte verloren. Was denkst du, wie viele Völker es gab, die heute keiner mehr kennt? Man hat sie einfach vergessen.
Wir Juden halten die Erinnerungen wach und so bleiben unsere Vorfahren und unser Glaube lebendig.«

Mirjam war richtig gepackt davon, Martin über die Wichtigkeit von Geschichte zu überzeugen. Aber sie dachte auch, dass es besser sei, ihm auch etwas über die Vergangenheit zu erzählen. Vielleicht würde er dann verstehen, was sie meinte.

Nomaden und Eroberer

»Weißt du – eigentlich kommen unsere Vorfahren ja gar nicht aus Israel, sondern aus einer Gegend weit im Osten, wo heute der Irak liegt. Dort lebten unsere Vorfahren Abraham und Sara.«

138

*»Habt ihr schon gehört von A-bra-ham,
der aus Ur in Chald-ä-a kam ...«*

... begann Martin lauthals zu singen. »Das Lied haben wir in der Grundschule so laut gesungen, bis es unserem Religionslehrer schwindelig wurde.«

Mirjam lachte. »Wie du eben so schön gesungen hast: Von Abraham und Sara wird berichtet, dass sie aus der Stadt Ur kamen. Das war eine große Stadt im Zweistromland, die ganz lange schon besteht. In meinem Archäologiebuch steht, dass man an der Stadt sogar die Sintflutgeschichte nachweisen kann.«

»Jetzt aber – Noah mit seiner Arche hat es wirklich gegeben?«

»Naja, ob Noah gelebt hat, weiß man nicht so genau, aber bei Ausgrabungen wurden in Ur Hinweise auf eine große Überschwemmung gefunden. Auch wurde auf Keilschrifttafeln aus dem Zweistromland eine ähnliche Erzählung entdeckt, deren Held nicht Noah, sondern Gilgamesch hieß.

Das alles war aber viele Jahrhunderte, bevor Abrahams Vater mit seiner Familie nach Norden, nach Haran, wanderte. Dort blieben sie wohnen, bis Gott Abraham erschien und ihm sagte: ›Abraham, zieh in ein Land, das ich dir zeigen werde. Dort sollst du Nachkommen haben, die so zahlreich sind wie die Sterne‹. So zogen Abraham und Sara los und kamen ins Land Kanaan.

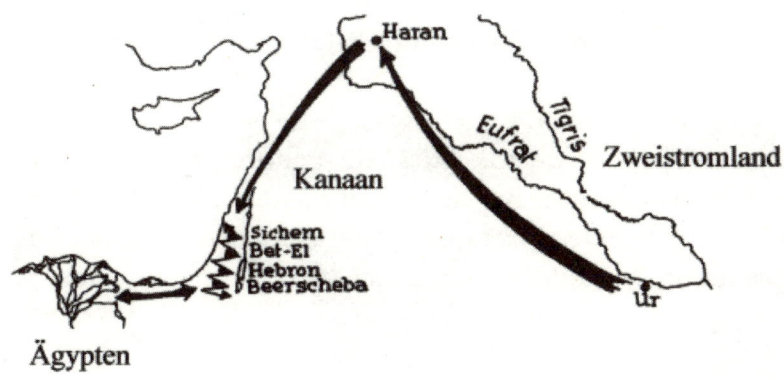

Abraham und seine Nachkommen blieben Nomaden. Man fand Altäre, die von solchen umherziehenden Hirten gebaut wurden. In meinem Buch steht auch, dass die ersten Hinweise auf die Hebräer, wie die Nomaden genannt wurden, bei den Ägyptern auf Wandbildern auftauchten.«

Mirjam schlug eine Seite auf. »Seht ihr – die Hebräer wurden auf alten Bildern so dargestellt:

Von den Steintafeln weiß man auch, dass Pharao Sethos II. den Hebräern gestattet hat, sich im Osten Ägyptens aufzuhalten. Später hat dann Pharao Ramses II. sie zum Bau seiner Festungsstätte herangezogen.«

Martin blickte erstaunt auf:

»Hey – das sind doch die Geschichten von Josef und von Mose, oder?«

»Der Mann kennt sich in der Geschichte aus!« rief Mirjam zufrieden.

Martin lächelte: »Diese Erzählungen kommen bei uns nicht im Geschichtsunterricht vor. Die hab ich von meinem Religionslehrer aus der Grundschule. Der konnte total spannend Geschichten erzählen.«

Mirjam fuhr fort: »Für uns jedenfalls gehören Josef und Mose zur wirklichen Geschichte. Bis heute wird Israel nach den Namen der Brüder und Söhne des Josef in Stammesgebiete eingeteilt.« Sie schlug eine Karte auf, worauf die Stammesgebiete zu sehen waren.

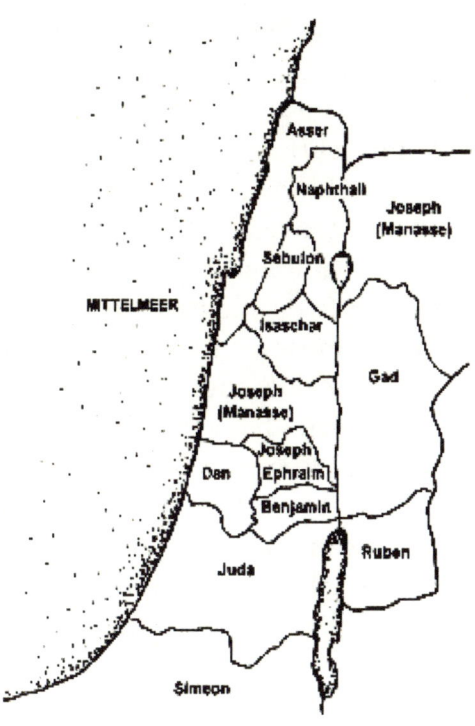

Martin erinnerte sich an das Gespräch mit David auf dem Wormser Friedhof.

»Fahren Sie fort, Mirjam vom Stamme Juda«, sprach er in höfischem Ton und Mirjam musste wieder staunen und lachen zugleich.

»Also: die Mosegeschichte kennst du ja schon. Die Israeliten sind in Ägypten Sklaven gewesen und mussten Städte für die Ägypter bauen. Hier ein ist ein Wandbild, auf dem man die Ziegelherstellung sehen kann.«

Mirjam fuhrt fort: »Mose hat die Israeliten also befreit. Nach vielen Jahren in der Wüste erreichten sie Kanaan. In meinem Geschichtsbuch steht, dass wohl nicht alle Hebräer in Ägypten waren. Einige Stämme siedelten schon im Grenzland oder im Land selbst, waren aber nicht dessen Herren. Die Herren des Landes waren bis etwa 1200 vor euerer Zeitrechnung die Kannaanäer. Die hatten schon Städte gebaut. Archäologen finden heute verzierte Keramik, die von ihnen stammt. In Erdschichten aus der Zeit vor etwa 3200 Jahren entdeckte man Brandschichten. Die Archäologie kann also nachweisen, dass in dieser Zeit Städte erobert wurden. Auch die Bücher Josua und Richter in den Heiligen Schriften berichten von einer Übernahme des Landes.«

Mirjam schaute sich kurz um, ob ihre Freunde ihr noch zuhörten. Bei anderen hatte sie es erlebt, dass sie plötzlich alleine dastand, als sie über Geschichte erzählte. Aber sie sah zwei aufmerksame Gesichter und fuhr fort.

»Als sich dann die Hebräer im Land festsetzten, war es für sie nicht klar, wie eine Regierung aussehen sollte. Sie waren nur ein Bund von Stämmen, die sich frei und unabhängig fühlten. Ein Problem war: Man zog zwar zusammen in den Krieg, aber oft nicht richtig an einem Strang. Was viele damals überhaupt nicht wollten, war ein König. ›Gott alleine ist unser König‹, sagten die Leute damals. Deshalb gab es nur ab und zu Heerführer, die man *Richter* nannte. Es gab sogar eine *Richterin* mit Namen Debora, die einen König der *Kanaanäer* tötete.« Mirjam blickte selbstbewusst die beiden Jungs an.

»Das wichtigste Heiligtum der Stämme war die *Bundeslade*.«
»Indiana Jones – Jäger des verlorenen Schatzes!« kam aus Martin herausgeschossen. Auch Mirjam hatte den Film mit Harrison Ford über die *Bundeslade* gesehen und fuhr unbeirrt fort: »Die *Bundeslade* war ein Kasten aus Zedernholz und Gold, in dem die Tafeln mit den Zehn Geboten lagen. Sie wurde mit zwei Stangen von vielen Männern getragen. Auf ihr saßen geflügelte Wesen, die Cherubim.«

»Und warum haben die Israeliten so einen Kasten gebaut und keinen Tempel?«, fragte Martin interessiert nach.

»Ganz einfach. Die Hebräer wollten damals zeigen, dass sich Gott nicht in einem Haus festhalten lässt. Ihr Gott war einer, der nicht an einem Ort blieb, sondern mit ihnen unterwegs war.«

Das Königreich

Dann erzählte Mirjam weiter: »Es dauerte lange, bis sich die Israeliten zu einer Gemeinschaft geformt hatten. Geholfen hat, dass die Stämme mächtige Feinde hatten – die Philister.

Ich habe gelesen, dass die Philister aus Griechenland übers Meer gekommen waren und sich an der Küste von Israel angesiedelt hatten. Sie waren größer, hatten bessere Waffen und waren besser organisiert. So hatten sie ein leichtes Spiel gegen die Israeliten, die ja einfache Bauern und Viehzüchter waren. Schließlich riefen die Israeliten nach einer starken Hand und wählten einen König.

Der erste König Israels hieß Saul und hatte alle Hände voll zu tun, die Feinde Israels in Schach zu halten. Saul scheint oft schwermütig gewesen zu sein. Ein junger Mann namens David musste ihn mit seiner Musik beruhigen.«

»David – der Musiker?«, lachte Martin.

»So gut wie du den Abraham singst, kann ich locker mithalten«, konterte David.

Mirjam schmunzelte. »Wartet mal: Ich habe hier einen coolen Musiker, wie er früher in Israel ausgesehen hat.« Sie blätterte und fand die Abbildung eines Saitenspielers.

»Gegen den kann doch Bon Jovi einpacken, oder?«

Alle drei lachten, so dass sich Mirjam wieder fangen musste, um weiterzuerzählen.

»Wie dir mein Cousin sicher ausführlich erzählt hat, war David schon als Junge mutig. Jedenfalls war er später auch ein großer Krieger und bekam die Tochter des Königs zur Frau. König Saul muss aber eifersüchtig auf ihn gewesen sein. Jedenfalls wollte er ihn umbringen und David musste fliehen. Als bei einer großen Schlacht Saul und alle seine Söhne umkamen, da krönten die Israeliten David zu ihrem neuen König. David machte Jerusalem zu seiner Hauptstadt, besiegte alle Feinde und schuf ein großes Reich.

Eines der beliebtesten Kinderlieder in Israel besingt David, den König Israels.«

David strahlte – auch er kannte natürlich dieses Lied und begann es gleich lauthals zu singen.

»David – Mäläch Israel – chaj, chaj, we kajam«

Mirjam schaute ihren Cousin schräg an und holte ein Liederbuch für Kinder, in dem das Lied abgedruckt war. Sie hielt es Martin vor die Nase.

»Das Lied geht ganz einfach: »David, Mäläch Israel bedeutet David, König Israels. Chaj we kajam heißt lebt und bleibt. Damit drückt man aus, dass man sich auch heute gerne an David erinnert und hofft, dass es wieder einmal so sein wird, wie es damals unter seiner Herrschaft war.«

David sang wieder unbeirrt das Lied und Mirjam stimmte mit ein. Bei der dritten Wiederholung konnte auch Martin das Lied mitsingen. Als nach ein paar Minuten Ari erstaunt ins Zimmer sah, brachen die drei Freunde in Lachen aus.

Als sich alle wieder beruhigt hatten, erzählte Mirjam weiter. »Davids Sohn Salomo übernahm Jahre später von ihm das Königtum. Er baute das Königreich und die Stadt Jerusalem aus. Salomo war es auch, der für Gott in Jerusalem den ersten Tempel erbauen ließ. Seht her: der soll so ausgesehen haben.« Sie blätterte in ihrem Buch die Seite auf.

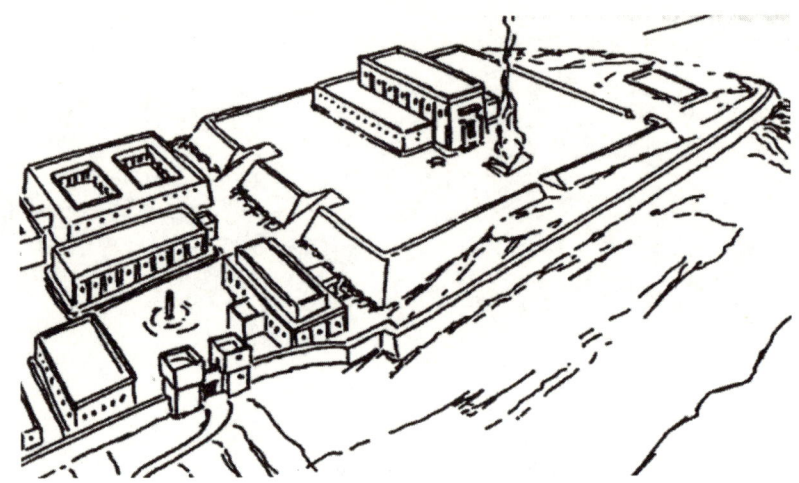

»Und was war mit der Bundeslade?«, dachte Martin laut.

»Die kam in den Tempel hinein.«

»Und wo ist sie jetzt?«, fragte Martin nach.

»Sie gilt seit der Zerstörung des Tempels, über die ich später erzählen werde, als verschollen. Also – noch alle Chancen für eine Jägerin verlorener Schätze!«, lachte sie und strahlte Martin an.

»Am Hof Salomos gab es auch Schreiber. Seit dieser Zeit wurden erstmals Geschichten des Volkes niedergeschrieben, die wir heute in der Tora nachlesen können.

Die Zeit Davids und Salomos war jedenfalls eine des Wohlstandes und der Größe Israels. Bis heute denken wir, wie du an dem Lied gesehen hast, an diese Zeit zurück.«

Mirjam blickte nachdenklich und war einen Moment lang still. Es war schon spät geworden. Ari schaute immer wieder zu den Freunden ins Zimmer und wollte nicht unterbrechen. Er hörte seiner Tochter zu und war sehr stolz darauf, wie spannend sie die Geschichte Israels erzählen konnte. Aber jetzt war es Zeit und er setzte den Schlusspunkt:

»So, genug für heute. Abmarsch in das Schlafgemach, meine Herren.«

Murrend zogen sich die zwei zurück.

David und Martin waren zusammen in einem Zimmer unterge-
bracht. Während David schnell einschlief, starrte Martin lange noch
ins Dunkel der Nacht.

»Verloren in der Geschichte«, ging ihm durch den Kopf.

Wo stammte er eigentlich her?

Was war die Geschichte seiner Vorfahren?

Was wusste er über die Herkunft seines Volkes?

Was war überhaupt »sein Volk«?

Fragen über Fragen gingen ihm durch den Kopf und er spürte eine
gewisse Unsicherheit. Wie klar wusste man doch im Judentum, woher man kam. Wer konnte in seiner Familie wirklich etwas über seine
Vorfahren sagen?

»Verloren in der Geschichte?«, flüsterte er leise vor sich hin.

»Was?«, murmelte David im Halbschlaf.

»Nichts – schon gut«, gab Martin zurück und drehte sich um.

Am nächsten Morgen wunderte sich Martin über das, was es zum
Frühstück gab. Auf dem Frühstückstisch standen vor allem Früchte
und Weißbrot. David machte sich über eine gelb-grüne Masse her
und schmierte sie sich auf sein Brot. Martin schaute interessiert zu
ihm herüber. Schmatzende erklärte David: »Das ist Avocado-Butter
– pürierte Avocado mit kleinen Zwiebeln, Zitrone, Salz und Pfeffer.
Probier mal, schmeckt lecker. Mit extra viel Zitrone drin.«

David hielt Martin das Brot so unter die Nase, so dass der gar nicht
anders konnte als zuzubeißen. Es schmeckte ihm auf Anhieb gut.

Die drei setzten sich in den Garten. Mirjam hatte demonstrativ ihr
Buch mitgebracht. Um ihr zu zeigen, dass es für ihn in Ordnung
ging, sagte Martin: »Und was geschah dann nach den großen Königen David und Salomo? Erzähl weiter.«

Mirjam legte wieder los.

»Schon bald nach Salomo wurde Israel geteilt. Den Süden nannte
man Juda. Der Norden hieß weiterhin Israel. Dann wurde das Land
immer wieder von seinen starken Nachbarn überfallen. Die Ägypter
kamen mit ihren Streitwagen und forderten Tribut. Dann kamen die
Assyrer aus dem Zweistromland und taten das gleiche.

Immer wieder versuchten die Israeliten in den nächsten vierhundert Jahren sich von dem Joch zu lösen. Doch vergeblich.

In dieser Zeit gab es aber noch ein anderes Problem. Die Menschen waren unzufrieden und verehrten fremde Götter. Zwei Götter waren für sie besonders wichtig. Schon die *Kanaanäer* hatten sie verehrt.

Es gab den Gott *Baal*, der für eine gute Ernte zuständig war. Ohne eine gute Ernte war es schwer zu überleben, oder man konnte seine Abgaben nicht bezahlen und wurde unfrei. Und da gab es die Göttin *Astarte*. Sie war besonders für Frauen wichtig. Man glaubte, dass sie dafür Sorge trug, dass Frauen Kinder bekamen. Frauen, die keine Kinder bekommen konnten, galten damals nichts und waren im Alter nicht versorgt. Vater hat mir mal aus dem Museum in Jerusalem eine Kopie einer Tonfigur mitgebracht. Ich zeige sie euch.«

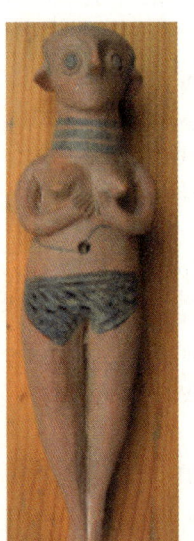

Mirjam holte die Figur und legte sie auf den Tisch.

»Frauen legten sich solche Figuren oft in die Nähe des Bettes oder trugen sie in Gewändern mit sich. Ihr könnt euch aber denken, dass die Verehrung von solchen Göttern auch auf Widerstand stieß. Die Gebote Gottes wurden damit ja verletzt.«

Martin musste an die Gebote denken, die er in der Konfirmandenzeit gelernt hatte. Er sagte die gelernten Verse auf:

»Ich bin der HERR, dein Gott, der ich dich aus Ägyptenland, aus der Knechtschaft, geführt habe. Du sollst keine anderen Götter haben neben mir. Du sollst dir kein Bildnis noch irgendein Gleichnis machen, weder von dem, was oben im Himmel, noch von dem, was unten auf Erden, noch von dem, was im Wasser unter der Erde ist: Bete sie nicht an und diene ihnen nicht!«

Mirjam nickte. »In dieser Zeit zwischen 900 und 600 vor eurer Zeitrechnung gab es aber auch eine große Ungerechtigkeit im Land. Die freien Viehzüchter und Bauern wurden von den Mächtigen unterdrückt und ausgebeutet. Viele verloren ihren Besitz und ihre Freiheit.

Der Abfall von Gott und diese Ungerechtigkeit führten aber auch zum Widerstand. Propheten, Botschafter Gottes, sagten: ›Was hier geschieht, widerspricht Gottes Wille‹.«

Martin erinnerte sich. Auch er hatte von den Propheten im Unterricht gehört, aber er fand das Thema langweilig. Jetzt hörte sich das anders an.

»Die Propheten wiesen die Menschen auf die Gebote Gottes hin«, fuhr Mirjam fort. »Sie hatten es oft schwer, aber sie trauten sich auch etwas zu. So traten Propheten wie Amos und Elija sogar vor den König Israels und sagten ihm, welches Unrecht geschah. Der Prophet Jeremia zog einmal nackt mit einem Ochsenjoch auf der Schulter durch die Straßen, um den Leuten zu zeigen, was passieren würde, wenn sie sich nicht änderten.«

Mirjam hielt in ihren Ausführungen kurz inne und Martin konnte sich beide Szenen vor seinem geistigen Auge durchspielen: ein aufsässiger Prophet, der vor dem König mit ausgestrecktem Zeigefinger steht – ein nackter Prophet, der mit einem Ochsenjoch auf dem Rücken durch die Straßen zieht. Amüsiert und beeindruckt zugleich dachte er über diese Szenen nach.

Babylonier – Perser – Griechen – Römer

Mirjam blätterte im Buch weiter und sagte:
»Martin, kannst du dich erinnern, als wir vor einiger Zeit wegen eines Feiertages nicht mit dir ins Schwimmbad gegangen sind?«
Martin nickte. »Der Neunte Aw.«
»Genau. An dem Tag erinnern wir uns an die Zerstörung des Tempels durch die Babylonier. In meinem Buch steht: Wir wissen zwar den Tag, aber es gibt keine klaren Quellen für das Jahr. So sagen die einen, es war 587, die anderen 586 v. Chr. Klar ist, dass der König,

der Israel eroberte, Nebukadnezar hieß«, sagte sie und hielt Martin ihr Buch unter die Nase.

»Das ist das Siegel von Nebukadnezar.

Die Babylonier hatten die Taktik, jedes eroberte Land zu zerstören. Handwerker, Gelehrte, Priester und andere wichtigen Leute eines Landes wurden in ein anderes Land verschleppt. Der babylonische König dachte, es würde dann keinen Widerstand gegen seine Herrschaft mehr geben.

Die Trauer und die Not der Menschen, die von Israel in das Zweistromland verschleppt wurden, sind auch in den Heiligen Schriften nachzulesen. Es gibt ein ganzes Buch der Klagelieder des Propheten Jeremia. Auch in den Psalmen finden sich Hinweise auf dieses Ereignis. Da steht folgender Vers:

> *An den Wassern zu Babel saßen wir und weinten, wenn wir an Zion gedachten.*

Martin schoss ein Lied durch den Kopf, das seine Mutter auf Kassette beim Kochen oft einschob und wild mitsang. Es stammt von einer Band aus ihrer Jugendzeit. Sie hieß *Boney M*. Der Anfang des Liedes lautete:

> *By the rivers of Babylon, there we sat down,*
> *ye-eah we wept, when we remembered Zion.*

Er fragte sich: ›Ob das etwas damit zu tun hatte? Wie ein Klagelied hörte sich das nicht an. Oder hatte da einfach jemand den Text genommen und ein seichtes Liedchen daraus gemacht?‹

»Auch andere Geschichten der Schriften berichten über die Zeit in Babylon«, erklärte Mirjam weiter. »So war Daniel als Kind nach Babylon verschleppt worden. Als er erwachsen geworden war, hatte er es zum Berater des Königs geschafft. Aber er hatte auch üble Neider. Die hatten mitbekommen, dass er immer wieder zu Gott betete. So haben sie den König angestiftet, ein Gesetz zu machen, worin stand: ›Wer in den nächsten Wochen zu einem anderen als zum König betet, der ist des Todes‹. Und prompt hat man Daniel beim Gebet erwischt und er wurde in eine Grube voller Löwen geworfen. Als am nächsten Tag der König nach Daniel sah, saß der lebendig zwischen den Löwen. So befahl der König, dass alle zum Gott Daniels beten sollten.«

»Irgendwie erinnert mich die Story an die, die du mir mal über Ester in Persien geschrieben hast.«
    »Stimmt. So ungewöhnlich war die Situation nicht. Die meisten Herrscher sahen sich als Götter an. Wir verehren aber keine menschlichen Götter. Nur den unsichtbaren Gott«, betonte sie ernst.

»In Babylon haben sich die Priester und Gelehrten der Israeliten viele Gedanken über das gemacht, was sie dort gesehen und gehört hatten. Zwei Beispiele:
    Die jüdischen Priester sahen dort Tempel, die fast bis zum Himmel reichen. Die babylonischen Priester wollten ihren Göttern nahe sein.«
    »Jetzt kommt bestimmt die Geschichte vom Turmbau zu Babel«, kommentierte Martin.
    »Stimmt. Die Geschichte vom Turmbau der Babylonier sagt: Es ist vermessen, zu Gott hinaufsteigen zu wollen.

Aber es gibt auch etwas, was die Priester und Gelehrten von den Babyloniern übernommen haben. Wie ihr wisst, gibt es in der Tora ja zwei Berichte darüber, wie Gott die Welt geschaffen hat.«

David und Martin nickten.

»Gleich am Anfang der Tora steht der Bericht, in dem Gott die Welt an sechs Tagen schuf.

Nun: Es gab damals in Babylon Wissenschaftler, die sich über die Entstehung der Welt Gedanken machten. Sie fanden heraus, dass die Welt nicht auf einmal entstanden ist. Sie sagten, es wäre ein längerer Prozess gewesen, in dem Licht, Wasser und Festes, die Himmelskörper, dann Pflanzen, Tiere und die Menschen entstanden waren. Die jüdischen Priester fanden diesen modernen Bericht einleuchtend und haben ihn neben den älteren Bericht gestellt, der von der Erschaffung des ersten Menschenpaares und vom Paradiesgarten berichtet.«

»Du meinst die Geschichte von Adam und Eva?«

»Ich meine die Geschichte von *Adam*, was hebräisch *der Mensch* heißt, und *Chawwa,* was so viel wie *Die Leben schenkt* bedeutet.«

Martin blickte erstaunt.

»Beide Geschichten sind aber kein Widerspruch, sondern drücken auf ihre je eigene Weise aus: Es war Gott, der alles erschaffen hat. Aber man versteht den Bericht am Anfang der Tora nur, wenn man seinen Ursprung kennt. Und der liegt in der Zeit der Gefangenschaft in Babylon.«

Mirjam blickte den beiden Jungs in die Augen.

»Wie sieht es aus – soll ich fortfahren, oder macht ihr schlapp?«

David hatte leichte Ermüdungserscheinungen, doch er wollte sich keine Blöße geben. Martin hingegen war hellwach. Fasziniert hörte er Mirjam zu, wie sie lebendig über die Geschichte ihres Volkes erzählte. Also gaben beide ein Zeichen, sie solle weitermachen.

»Erst etwa 50 Jahre später konnten die Israeliten in ihr Land zurückkehren. Inzwischen hatten die Perser unter ihrem König Kyros die Herrschaft im Zweistromland übernommen. Dieser König erlaubte den Israeliten die Rückkehr in ihr Land. Diese machten sich gleich daran, die Stadt Jerusalem wieder aufzubauen. Um 515 vor eurer Zeitrechnung wurde dann der Tempel wieder eingeweiht.

In den Heiligen Schriften kann man den Wiederaufbau in den Büchern Esra und Nehemia nachlesen. Außerdem spielt ja in dieser Zeit die Ester-Geschichte. Aber die kennst du ja bereits, Martin.«

Martin erinnerte sich an den Brief zu Purim.

»Etwa zweihundert Jahre später eroberten die Griechen unter Alexander dem Großen die ganze Region. Dabei schlugen sie auch die Perser.«

»333 – Issos-Keilerei«, platzte es aus Martin heraus.

Mirjam schaute überrascht. »Den Spruch hat uns unsere Geschichtslehrerin, Frau Berger, einmal beigebracht.«

»Den habe ich noch nicht gehört. Muss ich mir merken!

Du hast Recht. In Issos, nördlich von Israel, hat in diesem Jahr der Griechenkönig das Heer der Perser vernichtend geschlagen. Er eroberte ein riesiges Weltreich und von da ab wurde in vielen Ländern der Region griechisch gesprochen. So übersetzte man in dieser Zeit auch die Tora ins Griechische. Man nennt diese Übersetzung übrigens *Septuaginta,* was griechisch *Siebzig* heißt, weil angeblich 70 Gelehrte daran gearbeitet haben sollen.

Aber dann wurde Israel durch die griechischen Herrscher von Syrien erobert.«

»War das die Geschichte vom Chanukka-Fest?«

»Du hast wohl die Briefe von Mirjam auswendig gelernt«, grinste David Martin an.

»David, lass das!«, giftete Mirjam in Richtung David und fuhr fort. »Es stimmt. Die Vorgeschichte des Krieges war so: Die syrischen Griechen entweihten den Tempel, stellten ihre Götterbilder in ihm auf und plünderten die Tempelschätze. Juden durften nichts mehr machen, was zu ihrer Religion gehörte. Selbst keine Beschneidungen mehr. Aber dann kam Judah Makkabi.«

»Auftritt deiner Lieblingskampfpuppe, David«, kicherte Martin.

»Kindsköpfe!« Mirjam schüttelte den Kopf und versuchte ernst zu bleiben.

»Judah setzte dem Ganzen zwischen 167 und 164 vor euerer Zeitrechnung ein Ende und fast hundert Jahre war Israel wieder selbständig.

Um 63 vor eurer Zeitrechnung übernahmen die Römer in unser Land die Herrschaft. Sie setzten Statthalter ein, die in Israel das Sagen hatten, auch wenn es offiziell noch Könige gab. Mehrere dieser Könige hatten den Namen Herodes.«

»Der üble Kerl von Weihnachten?«

»Einer davon. Sie hingen alle am Rockzipfel von Rom. Besonders Herodes, der sich der Große nennen ließ, hatte kaum Rückhalt im Volk und war wegen seiner Grausamkeit bekannt.«

»Der soll sogar Kinder ermordet haben«, ergänzte Martin.

Mirjam nickte und fuhr fort.

»Um das Jahr, in dem Rabbi Jesus geboren wurde, gab es eine starke Unterdrückung durch die Römer. Die nannten das *Römischer Friede*. Damit war gemeint: Man unterdrückt ein Volk so sehr, dass es nur noch den Wunsch hat, in Frieden zu leben, ohne dass ihm seine Freiheit noch etwas wert ist. Sogar am Tempel in Jerusalem haben sich die Römer breit gemacht. Ich zeige euch mal etwas.«

Mirjam schlug ihr Buch auf. Auf einer Zeichnung war das Bild des Tempels von Jerusalem zu sehen.

»Auf dem Bild erkennt ihr oben rechts, direkt an der Tempelmauer, die *Burg Antonia* der Römer. Die Römer konnten in den Tempel sehen. Einmal hat sogar ein römischer Soldat über die Mauer in den Tempelbereich hineingepinkelt. Daraufhin gab es einen großen Aufstand mit Hunderten von Toten.

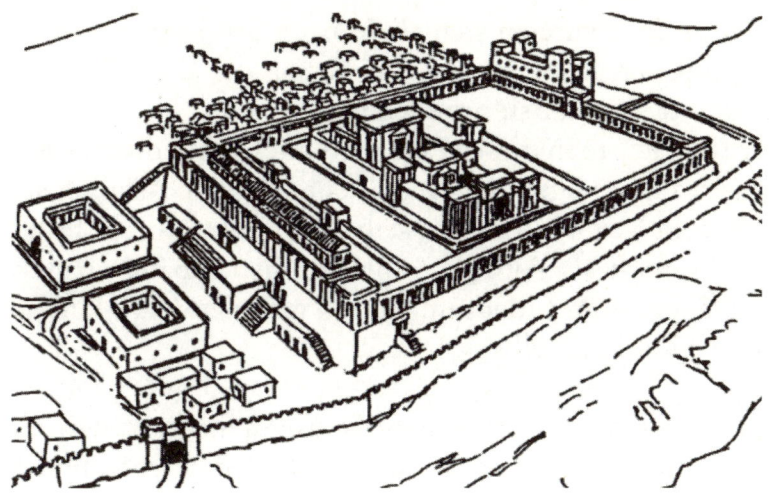

Als alle sich die Zeichnung angeschaut hatten, erzählte Mirjam weiter. »Im Volk wuchs daher immer stärker der Wunsch, dass der *Messias* kommt.«

»Dieses Wort verwenden wir auch – für Jesus.«

»Ihr Christen wieder ...«, sagte Mirjam lächelnd. »*Messias* meint allgemein *der Gesalbte*. Könige wurden gesalbt. Wir Juden glauben und hoffen, dass irgendwann der *Messias* kommt und das Volk Israel retten wird.«

Martin blickte nachdenklich und Mirjam erzählte weiter.

»Damals allerdings war man sich aber nicht ganz so einig, wie eine Rettung aussehen sollte. Es gab unterschiedliche Antworten darauf und mehrere Gruppen glaubten, den richtigen Weg gefunden zu haben.

Die *Zeloten* glaubten, radikaler Widerstand sei der richtige Weg. Als die Römer einmal eine Volkszählung machten, um besser sehen zu können, wer alles Steuer zahlen musste, da erhoben sie einen Aufstand. Manche Zeloten nannte man auch *Sikarier*, Dolchträger. Die lauerten heimlich den Römern auf und brachten Soldaten um.

Die *Essener* hingegen zogen sich lieber zurück und lebten ihren Glauben in einer abgeschiedenen Gemeinschaft.

Die *Sadduzäer* gehörten zur Oberschicht im Land und hatten eine eher vermittelnde Position.

Die *Pharisäer* richteten sich allein nach der Tora. Sie mieden den Umgang mit den Römern und mit denen, die als Soldaten, Steuer- oder Zolleintreiber für sie arbeiteten.

Schließlich lehrte in dieser Zeit auch noch ein jüdischer Rabbi namens *Jesus*. Er predigte, dass man keine Gewalt ausüben solle und dass Gott sein Reich in Frieden selbst aufrichtet. Rabbi Jesus wurde von den Römern als Aufrührer hingerichtet. Später spalteten sich seine Anhänger vom Judentum ab und gründeten das Christentum. Aber das weißt du ja selbst.«

Martin dachte sich: ›So habe ich die Jesusgeschichte und die Anfänge des Christentums bisher noch nicht gehört. Aber irgendwie logisch, dass für das Judentum Jesus auch eine Gestalt seiner Geschichte war.‹

»Jedenfalls gärte es in Israel«, erzählte Mirjam weiter. »Im Jahre 66 brach dann schließlich der Krieg aus. Wenig später unterwarfen die Römer das Land. Nur an *Masada* bissen sie sich die Zähne aus.«

»*Masada?*«

»Wir fahren in den nächsten Tagen mit euch da hin. Es ist eine Festung am Toten Meer.«

»Wir fahren zum Toten Meer? Super!«

Mirjam freute sich über Martins Begeisterung und erzählte weiter: »Erst nach vier Jahren konnten die Römer den Krieg beenden. Das Ende war schrecklich. Bis heute denken wir daran ...«

»... am Neunten Aw«, ergänzt Martin.

David lächelte wieder verschmitzt, sagte aber nichts.

»Der Tempel wurde vollkommen zerstört. Alle Geräte und Schätze des Tempels wurden nach Rom gebracht.

Damals wurde in Rom für Titus, den Eroberer Jerusalems, ein Triumpfbogen gebaut. Hier ist eine Abbildung von dem Relief, das die Eroberung Jerusalems darstellt. Man kann deutlich Tempelgeräte und die *Menora* erkennen. Kein Mensch aber weiß heute, wo die geraubten Gegenstände gelandet sind.«

»*Bundeslade* und *Menora* suchen – eine Lebensaufgabe für die Jägerin verlorener Schätze«, kommentierte Martin.

Mirjam lächelte und erzählte unbeirrt weiter.

»Es kam sogar noch schlimmer«, berichtete Sie.

»Als etwa 50 Jahre später wieder ein Aufstand war, hatten die Römer endgültig genug. Sie verbannten die Juden aus Jerusalem und verboten ihnen, jemals wieder zurückzukommen. So wurde dem Judentum sein Zentrum genommen.«

In diesem Moment tönte es laut aus dem Wohnzimmer:

»Essen!«

Zerstreut unter den Völkern

Mirjams Großvater Schlomo war zum Essen herübergekommen. Sie ging auf ihn zu und drückte ihn herzlich.

»Das ist mein Opa. Er stammt auch aus Deutschland.«

»Aus Landau in der Pfalz«, ergänzte der alte Mann. »Und du kommst aus Mannheim?«

Martin nickte.

»Als Kind bin ich mit meinen Eltern oft mit dem Zug nach Mannheim gefahren. Am liebsten habe ich da am Wasserturm in der Sonne gesessen.«

Martin und David schauten sich erstaunt an.

»Wir auch!«, sagten beide mit einer Stimme.

Nach dem Essen fragte Ari, ob er sie an den Strand fahren solle. »Lass uns heute lieber noch ein wenig im Garten rumhängen. Du und Opa – ihr könnt ja bei uns bleiben«, gab ihm seine Tochter zur Antwort.

Sie setzten sich in den Garten und Ari holte für sich und seinen Vater einen Espresso. Davids Eltern und Yvonne fuhren lieber zum Strand.

»Wie ging das nach der Zerstörung Jerusalems weiter?« Martin war gespannt auf die Fortsetzung.

Nun übernahm David. Das Mittelalter war sein Spezialgebiet – das wusste auch Mirjam. David bat Ari, ein Buch zu holen. Er hatte es von seinem Onkel geschenkt bekommen und wusste, dass auch Ari es besaß. Es war ein Bildband über die Geschichte des Judentums seit dem Altertum. Als Ari wieder zurückkam, begann er zu erzählen:

»Schon vor der Zerstörung Jerusalems gab es überall in den Städten des römischen Reiches jüdische Gemeinden. Als Jerusalem versperrt war, richtete man sich in der *Diaspora* ein. *Diaspora* bedeutet *Zerstreuung* und das meint, man lebt als Minderheit in der Fremde. Es entstanden Synagogen rund ums Mittelmeer. Auch in den römischen Städten Trier, Köln, Mainz, Worms und Speyer wurden in Deutschland die ersten jüdischen Gemeinden gegründet. Ari, reichst du mir bitte mal das Buch herüber? Hier ist eine Karte.«

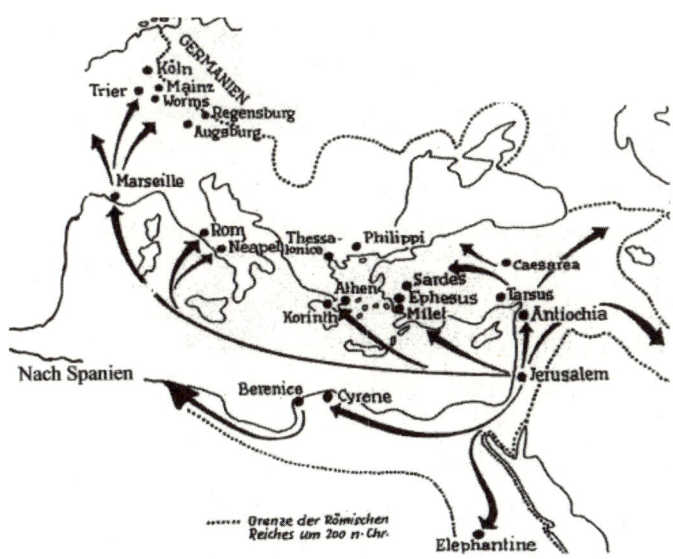

»Als nun der Islam ab 630 eurer Zeitrechnung Vorderasien, Nordafrika und Spanien eroberte, durften Juden ihre Religion dort weiter ausüben. Man musste allerdings eine Extrasteuer zahlen. In Europa hingegen wurde es in den nächsten Jahrhunderten immer schwieriger für Juden. Dort herrschten nun überall christliche Könige und Fürsten.

Mittelalter

Etwa vor 1000 Jahren kam man in Frankreich, Deutschland und England dann auf die Idee, die heiligen Stätten in Israel von den Muslimen zu befreien. Ritter, Abenteurer und einfache Knechte zogen auf einen Kreuzzug. Die *Kreuzfahrer* sagten: ›Bevor wir die Heiden im Heiligen Land bekriegen, sollten wir nicht erst einmal die bei uns bekämpfen?‹

Damit meinten sie die Juden.

Die *Kreuzfahrer* überfielen die jüdischen Gemeinden entlang des Rheins. Es gab ein großes Blutbad – die erste schwere Verfolgung, die Juden im Mittelalter erleiden mussten. Es sollte aber nicht die letzte sein.

Auch später kam es immer wieder zu Übergriffen.

Juden dienten häufig als *Sündenbock*, wenn etwas schief lief oder wenn die Menschen durch Naturkatastrophen oder Hungersnöte verunsichert waren.«

Martin musste an das Gespräch über die Neonazis denken.

»Man erfand immer neue Vorwürfe gegen Juden, auch wenn sie noch so an den Haaren herbei gezogen waren.

Wenn die Pest ausbrach, sollen Juden die Brunnen vergiftet haben. Juden wurde unterstellt, sie ermorden in ihrem Gottesdienst Kinder. Dann sollen Juden aus den Kirchen Hostien, also das geweihte Abendmahlsbrot, gestohlen haben, um es zu durchbohren. Weil nach dem Glauben der Christen eine Hostie der echte Leib von Jesus war, meinten sie, Juden würden ihn töten wollen. Überhaupt kam das Wort *Christusmörder* für Juden in Mode. Es begleitet uns nun seit vielen Jahrhunderten. Hier sind alte Holzschnitte zu diesen Vorwürfen.«

David zeigte eine Seite im Buch mit vielen Darstellungen.

Habgier

Brunnenvergiftung

Hostienschändung

Ritualmord

David zeigte auf eine der Abbildungen. »Ein besonders merkwürdiges Bild war eine Darstellung, die man *Judensau* nannte: Juden saugen darauf an den Zitzen einer Sau. Dieses Spottbild ist übrigens heute noch an Kirchen außen zu sehen. Zwei bekannte Beispiele hängen in Regensburg und in Wittenberg.«

Martin schaute irritiert: »Kann man die nicht einfach wegmachen?«

»Das ist so eine Sache. Wenn man die wegmacht, dann erinnert sich keiner mehr daran, wie das früher einmal war. Wie kann man dann aus der Geschichte lernen?«

David zeigte auf ein anderes Bild. »Hier siehst du einen spitzen Judenhut, den Juden damals tragen mussten. Auch sollten sie einen kreisrunden gelben Judenfleck an ihrem Mantel anbringen, damit man sie besser erkennen kann.«

Eine weitere Seite im Buch wurde aufgeschlagen und gezeigt.

»Überhaupt war man im Mittelalter der Auffassung, dass die Juden auf dem falschen Weg und völlig verblendet seien. So entstanden damals an großen Gotteshäusern wie dem Wormser Dom oder dem Straßburger Münster Steinfiguren, die symbolisch zwei Frauen zeigten. Eine Frau symbolisiert die Synagoge und wird mit verbundenen Augen, die andere Frau symbolisiert die Kirche und wird gebieterisch mit offenen Augen dargestellt.«

Martin schaute sich das Bild an. Damals in Worms waren ihm diese Steinfiguren am Eingang des Wormser Domes nicht aufgefallen.

„Der Gott des Juden ist das Geld. Und um Geld zu verdienen, begeht er die größten Verbrechen. Er ruht nicht eher, bis er auf einem großen Geldsack sitzen kann, bis er zum König des Geldes geworden ist."

David erzählte weiter.

»Besonders schwierig war für Juden, dass sie kaum noch Berufe ausüben durften. Es blieb fast nur das Geldgeschäft. Das brachte ihnen den Ruf ein, ihnen ginge es nur ums Geld und sie seien habgierig.

Dieser Vorwurf hat sich lange gehalten. Schau mal, da ist eine Abbildung aus dem 19. Jahrhundert, die dieses alte Vorurteil aufgreift.«

Martin dachte an Astrid.

»Noch etwas. Juden durften nicht in der Nachbarschaft zu Christen wohnen. So entstanden Judengassen – Straßen, in denen nur Juden wohnten. Bis heute gibt es in Deutschland Straßen, die so heißen.«

»Worms«, überlegte Martin laut und David nickte.

»Aber das Mittelalter war nicht nur eine dunkle Zeit für Juden«, erklärte David weiter. »Es gab große Gelehrte wie *Rabbi Schelomo ben Jizchak,* der kurz *Raschi* genannt wurde. Er lehrte in Worms. Besonders sein Kommentar zum Talmud wird heute immer noch gelesen. Erinnerst du dich an das Raschi-Haus?«

Martin nickte.

»Unter dem Schutz der Araber gab es in Spanien eine richtige Blüte des Judentums«, erklärte David weiter. »Dort gab es berühmte Gelehrte, Mediziner und Künstler. Der Berühmteste unter ihnen war *Maimonides.*«

»Warum sind dann nicht alle nach Spanien gezogen?«

»Naja, es gab auch Judenverfolgungen unter den Arabern. Außerdem wurden Juden im deutschen Reich nicht immer verfolgt. Die meiste Zeit standen sie unter dem direkten Schutz des Deutschen Kaisers. Selbst als um 1300 alle Juden aus England und Frankreich vertrieben wurden, konnten diese immer noch in das deutsche Herrschaftsgebiet fliehen.«

»Verstehe ich nicht«, grübelte Martin.

»Nun, das war ganz einfach. Die Juden standen unter kaiserlichem Schutz, weil der Kaiser ihr Geld brauchte. Er wollte für seinen fürstlichen Schutz natürlich immer auch fürstlich entlohnt werden.«

»Wem es hier wohl ums Geld ging?«, sinnierte Martin.

Sepharden und Aschkenasim

David erzählte weiter: »Es entstanden damals zwei Richtungen im Judentum. Das hing damit zusammen, dass es zwei Welten gab: die des Islam und die der Christen.

Zur muslimischen Welt gehörten die *Sepharden*. Bis die letzten Araber im Jahre 1492 aus Spanien vertrieben wurden, entwickelte sich das spanische Judentum, das wir *sephardisch* nennen. Als Spanien vollständig von den christlichen Königen erobert wurde, stellte man die Juden vor die Wahl: ›Entweder ihr lasst euch taufen oder ihr müsst aus dem Land verschwinden‹. Viele wollten ihren Besitz nicht zurücklassen und wurden Christen. Man misstraute aber den Übergetretenen und viele wurden später auf dem Scheiterhaufen verbrannt. Andere flohen und siedelten sich in Nordafrika, Griechenland und in Israel an. Dort herrschten in dieser Zeit überall muslimische Herrscher, die froh waren, dass Juden mit ihrem Wissen für sie arbeiteten und ihnen Steuern einbrachten.

Übrigens: Als Christoph Columbus 1492 in Spanien seine drei Schiffe vom Stapel laufen ließ, um Amerika zu entdecken, da hatte er auch Juden an Bord, die aus Spanien vertrieben wurden. So waren unter den ersten Entdeckern Amerikas auch *Sepharden*.«

Mirjam schaute erstaunt auf. Das wusste sie noch nicht.

»Die zweite Gruppe waren die *Aschkenasim*. *Aschkenas* meinte im Mittelalter *Deutschland*. Die *Aschkenasim* gab es in Deutschland und den Niederlanden. Sie breiteten sich immer weiter nach Osten über Polen nach Russland aus. Es wuchsen dort große Gemeinden. Hier in dem Buch ist eine Karte:

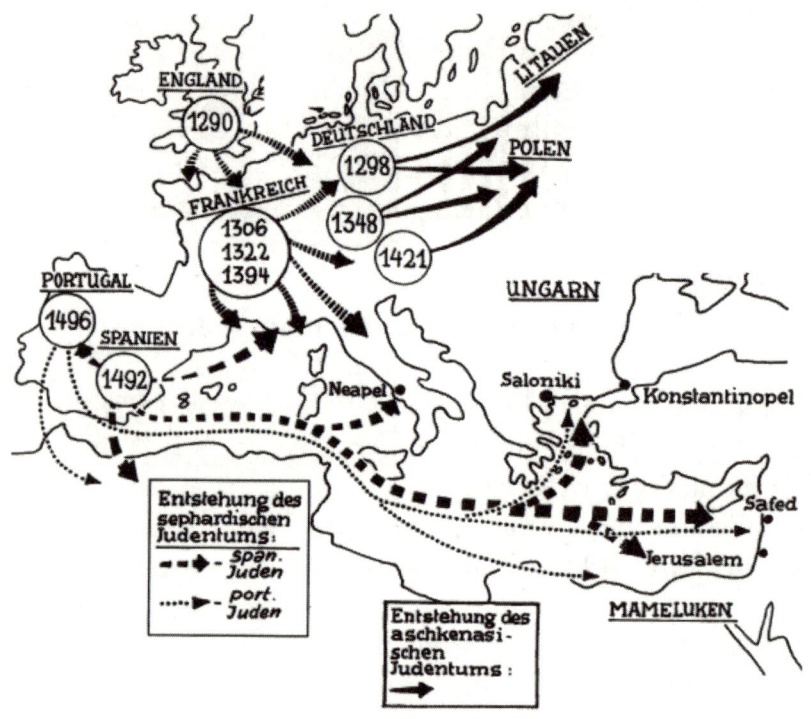

Jiddisch

Die *Aschkenasim* sprachen *Jiddisch,* eine Sprache, die von mehreren anderen Sprachen beeinflusst wurde. Ein jiddischer Dialekt ist sehr stark mit der deutschen Sprache verbunden.«

Mirjam wusste hier besonders Bescheid. Schließlich arbeitete ihr Vater ja im Einwanderermuseum. »Das *Jiddische* geht heute als gesprochene Sprache leider verloren. In Haifa wird die jiddische Sprache erforscht.«

Mirjam blickte zu Ari hinüber.

»Du kannst doch *Jiddisch*. Kannst du uns mal ein paar Worte beibringen?«

Ari nickte und blickte zu Martin. »Du kennst das Wort *doof*? Das kommt vom jiddischen Wort *dov*, das für *Bär* steht. »Dumm wie ein Bär«, das meint *doof*. Dann *Kaff*. Du hast bestimmt schon von dem Ort *Kapernaum* am See Genezareth gehört. Da stecken die hebräischen Worte *Kfar* für *Dorf* und der Name *Nahum* drin. Aus dem hebräischen *Kfar* leitet sich das jiddische Wort *Kaff* für *Dorf* ab. Vom hebräischen Wort *Ganav*, das *Dieb* bedeutet, leitet sich das jiddische Wort *Ganove* ab.

Du kannst unheimlich viele Beispiele finden. So stammen auch Worte wie *veräppeln, ausbaldowern, schäkern, Pleite, Schlamassel, Bammel haben oder Knast* aus der jiddischen Sprache.«

Martin hörte fasziniert zu. Er erinnerte sich: »Meine Eltern haben Schallplatten mit jiddischen Liedern. Ich kann mich an eines gut erinnern. Sie hatten es auch auf Englisch. *Dona, Dona,* hieß es, glaube ich. Sie haben es aber auch gern auf jiddisch gehört.«

Ari begann zu summen und dann leise zu singen.

Ojfn Forel ligt a Kelbl
ligt gebundn mit a schtrik
hojch in Himl fligt a Fojgl,
fligt un drejt sich hin un ts'rik.

Lacht der Wind in Korn,
lacht un lacht un lacht
lacht er op a Tog a gantsn
un a halbe Nacht.
Donaj, donaj, donaj, donaj,
donaj, donaj, donaj, daj.
Donaj, donaj, donaj, donaj,
donaj, donaj, donaj, daj.

Schrejt dos Kelbl, sogt der Pojer:
»Wer – sshe hejst dich sajn a Kalb?
Wolst gekent, doch sajn a Fojgl,
wolst gekent doch sajn a Schwalb!«

Bidne Kelblech tut men bindn,
un men schlept sej un men schecht.
Wer's hot Fligl, flit arojf tsu,
is bei kejnem nischt kejn Knecht.

Leise summte er die Melodie weiter.

Martin war tief berührt. Aber er war auch neugierig. »Kannst du mir sagen, was das Lied bedeutet?«
»Später«, sagte Ari und wirkte traurig.

»Ich brauche jetzt etwas zu trinken«, sagte David und stand auf. Alle taten es ihm gleich. Sie holten sich Apfelsaft und Wasser, aber auch etwas zu knabbern. Dann ging es mit der Zeit-Reise weiter.

David schaute Ari fragend an. »Ari, kannst du übernehmen?« Der nickte.

Neuzeit

»Vor etwa 500 Jahren wurde es in vielen Ländern Europas für Juden langsam besser. In manche Länder wie England durften sie offiziell nach vielen Jahrhunderten wieder zurückkehren. Verfolgungen waren nun eher die Ausnahme. Doch immer noch waren Juden rechtlos und galten als Sonderlinge. Auch Martin Luther hatte sich im Alter dazu hinreißen lassen, bitterböse Schriften gegen Juden zu verfassen.

Im Laufe der Zeit wurden immer mehr Gelehrte auf das Problem aufmerksam, dass man nicht einfach Menschen pauschal verurteilen kann. Einmal hat ein berühmter Dichter namens Gotthold Ephraim

Lessing ein Theaterstück geschrieben. Das hieß *Nathan der Weise*. David und Martin – ihr werdet es sicher noch in der Schule in Deutsch durchnehmen.«

Die beiden schauten ihn an. Deutsch war nicht gerade ihr Lieblingsfach.

»Das Stück stellte den Juden Nathan als besonders weisen Menschen dar. Dadurch sollten gerade Vorurteile gegen Juden in Frage gestellt werden.

Auch gab es berühmte jüdische Gelehrte in dieser Zeit, die unter den gebildeten Menschen eine hohe Achtung genossen. Einer davon war *Moses Mendelssohn*, ein Freund Lessings.

Mendelssohn übersetzte die Tora ins Deutsche. Er wollte seinen deutschen Mitbürgern zeigen, wie reich die jüdische Tradition ist. In meinem Regal oben habe ich eine Ausgabe seiner Übersetzung stehen. Sie ist immer noch aktuell. Hier seht ihr ein Bild von dem Gelehrten.

Schließlich wurden im 19. Jahrhundert in vielen Ländern Europas die Gesetze gegen Juden aufgehoben und sie bekamen volle Bürgerrechte. Man durfte nun Berufe frei wählen, musste nicht mehr in besonderen Wohnvierteln wohnen und konnte seinen Glauben frei leben.

In dieser Zeit haben sich auch mehrere Richtungen im Judentum entwickelt.

Viele Juden waren an das moderne Leben angepasst. Sie waren liberal, das meint freiheitlich gesinnt, und sie unterstützten die Idee, dass das Volk allein regieren sollte. Es gab sogar welche, die die jüdischen Regeln und Riten völlig ablehnten und sich dem Atheismus anschlossen. Atheismus meint, dass diese Leute an keinen Gott glauben.«

»Da gibt es bei uns in Deutschland ganz schön viele davon«, merkte Martin an.

»Täusche dich nicht, bei uns in Israel ist das auch so«, ergänzte Ari und erzählte weiter. »Es gab aber auch eine starke Frömmigkeitsbewegung, die durch einen Rabbi namens *Baal Schem Tov* um 1740 in Osteuropa entstanden war. Männer zogen sich schwarze Kleidung an, trugen immer einen Hut und ließen sich Schläfenlocken wachsen. Sie wollten durch Tanz, Gesang, frohe Lebensbejahung und Gebet ganz nah bei Gott sein. Wir nennen sie heute noch *Chassidim,* die *Frommen.*

Die meisten Juden in Deutschland aber versuchten, ihr religiöses Leben in der Stille weiterzuleben. Viele dachten sich: ›Bloß nicht auffallen‹! Sie waren treue Staatsbürger, die sich zuerst als Deutsche und dann erst als Juden fühlten. Gleichzeitig akzeptierte nun der Staat die jüdische Religion als eine unter vielen. So durften Juden damals in vielen Städten große Synagogen bauen. Sie wurden zu Zentren des jüdischen Lebens und gehörten selbstverständlich zum Stadtbild.«

Martin musste an die Postkarte in Davids Zimmer und das Bild der Synagoge in Kaiserslautern denken, das bei ihm an der Wand hing.

Ari schlug ein Buch auf, das er mit in den Garten gebracht hat. »Seht mal her. Ich hab hier ein Buch über Juden in Neustadt mit einem alten Stadtplan aus der damaligen Zeit. Da wird, wie selbstverständlich, die Synagoge neben der katholischen und evangelischen Kirche abgebildet.«

»Neustadt? Da haben wir einmal einen Ausflug hingemacht. Da ist doch ein Haus, wo früher ein Mazzenbäcker war«.

»Ja genau – sieh dir den Plan an.«

Ari zeigte auf den abgebildeten Stadtplan.

»Der Mazzen-Bäcker ist einer der beiden Punkte rechts neben der Synagoge. Die Punkte zeigen übrigens, wo früher Juden gewohnt haben. Heute sind an diesen Stellen *Stolpersteine* im Boden eingelassen.«

Martin erinnerte sich an das Gespräch mit David, der von den *Stolpersteinen* erzählte.

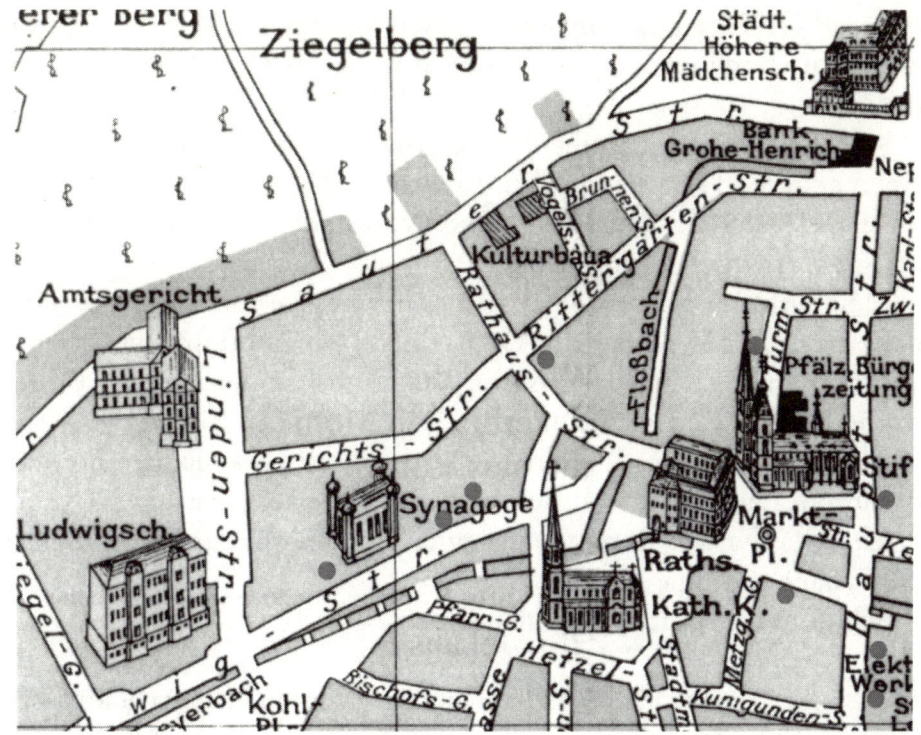

»Juden konnten auch öffentliche Ämter ausüben«, ergänzte Ari. »Einige schafften es sogar zu Ministerposten. Schließlich richtete der Staat an öffentlichen Schulen einen jüdischen Religionsunterricht ein, so wie es ihn heute noch in Deutschland für die evangelischen und katholischen Schüler gibt.«

Dunkle Zeiten

Inzwischen waren die anderen wieder nach Hause gekommen. Es dämmerte schon, obwohl es erst gegen fünf Uhr war. Yvonne und Ari bereiteten eine Kleinigkeit zum Essen vor.

Nach dem Essen saßen die drei wieder mit Ari und Mirjams Großvater zusammen. Schlomo war still gewesen. Mirjam schaute unsicher zu ihm hinüber. Je nach Tagesform konnte sie ihren Großvater auf die Zeit, die er selbst erlebt hatte, ansprechen. Sie blickte ihn an und Schlomo nickte ihr freundlich zu.

»Eigentlich hätte alles gut weitergehen können«, war in der Runde die sonore und bedächtig wirkende Stimme des alten Mannes zu hören.

»Auch in unserer Familie dachte man: ›Wir sind Deutsche, die nur einen anderen Glauben haben‹. Ernsthaft glaubten wir: ›Schließlich leben jetzt auch die Katholiken und Protestanten, die sich früher bekriegten, friedlich zusammen‹.

Meine Mutter hörte am liebsten deutsche Volkslieder. Mein Vater hatte im Ersten Weltkrieg für Deutschland gekämpft und ist verwundet worden. Er hatte das *Eiserne Kreuz* bekommen – einen Orden für besondere Tapferkeit.

Vater war übrigens Lehrer für Deutsch und Geschichte am Gymnasium in Landau. Er sah sich in erster Linie als Deutscher. Der jüdische Glaube war ihm weniger wichtig, obwohl er immer auch in die Synagoge ging.«

Schlomo trank einen Schluck Wasser.

»Wisst ihr: Vorurteile können manchmal ziemlich hartnäckig sein. Und die Vorurteile gegen uns Juden waren nach all den Jahrhunderten noch immer nicht aus den Köpfen der Menschen verschwunden. Im Gegenteil! Gerade als man dachte, jetzt sind alle vernünftig geworden und sehen den Menschen als Menschen, da kam alles ganz anders.

Im 19. Jahrhundert gab es Leute, die Menschen in unterschiedliche Rasse einteilten. Besonders in England und Deutschland begeisterte man sich für diese Idee und schrieb dicke Bücher über den Wert und Unwert der unterschiedlichen Menschenrassen. Manche gingen sogar so weit, Menschen wegen ihrer Hautfarbe, Herkunft oder Religion mit Ungeziefer zu vergleichen.

Auch uns Juden betraf diese Rassenlehre. In den dicken Büchern entwickelte man das, was man heute *Antisemitismus* nennt.«

Martin schaute fragend Schlomo an.

»*Anti* bedeutet *gegen*. Und *Sem* war ...«

»... einer der Söhne Noahs«, strahlte Mirjam ihren Großvater an. Schlomo nickte.

»Die Rassenforscher sagten: ›Alle Juden gehören zur Rasse, die von Sem abstammt‹. Bei denen, die eine Rangordnung von Rassen machten, kamen die so genannten *Semiten* schlecht weg. Sie seien falsch und hinterlistig. Es wurden sogar Juden mit Ratten gleichgesetzt.

In Frankreich wurde durch eine Affäre diese Einstellung gegenüber den Juden sogar öffentlich. Der jüdische Offizier *Alfred Dreyfus* wurde verdächtigt, Militärgeheimnisse an Deutschland verraten zu haben. In der Presse begann eine Hetzkampagne gegen Juden. Dreyfus wurde ohne Schuld verurteilt. Erst nach langem Ringen wurde er wieder aus der Gefangenschaft entlassen. Was aber deutlich wurde, waren die tiefen Vorurteile, dass Juden vaterlandslose Gesellen und Verräter seien.«

Schlomo atmete schwer.

»1933 kamen dann in Deutschland die *Nationalsozialisten* an die Macht. Sie bekannten sich voll zu diesem *antisemitischen* Denken. Die Nazis hatten es fertig gebracht, vielen Leuten weiß zu machen, dass sie allein die Probleme des Landes lösen könnten. Ihr müsst wissen: 1933 ging es den Menschen schlecht. Es gab keine Arbeit und viele sehnten sich nach einem starken Mann, der all die Probleme in den Griff bekam. Als Adolf Hitler an die Macht kam, haben sogar viele deutsche Juden wie mein Vater gedacht: ›Der hört schon mit seinem Poltern gegen Juden auf, wenn er erst einmal Verantwortung übernehmen muss‹. Doch es kam ganz anders.«

Ari zeigte ein Foto.

1933 war ich gerade sechs Jahre alt. Ich kann mich aber noch gut daran erinnern, wie die Nazis mit Fackeln durch die Straßen gezogen sind. Sie hatten von Anfang an die Juden im Visier. Anhänger der Partei blockierten in ihren braunen Uniformen deren Geschäfte und schmierten an Schaufensterscheiben oder auf Schilder: »Kauft nicht bei Juden«.

Die drei schauten sich das Foto genauer an und lasen den Schriftzug.

»Es ging noch weiter. Zeitungen hetzten unablässig gegen Juden und verbreiteten wieder alte Vorurteile. Bald kamen die Nürnberger Rassengesetze, die besagten:

Nichtjuden dürfen keine Juden heiraten und bereits geschlossene Ehen können aufgelöst werden.

Juden durften nicht mehr in öffentlichen Ämtern arbeiten. Jüdische Lehrer, wie mein Vater, wurden aus den Schulen entlassen.

Schließlich wurde ich selbst direkt mit den Gesetzen konfrontiert. Jüdische Kinder duften nicht mehr auf öffentliche Schulen gehen. Ich war gerade in der dritten Klasse, als ich 1935 die Volksschule verlassen musste und in eine jüdische Schule am Ende der Stadt geschickt wurde. Ich verstand die Welt nicht mehr. Damals hatte ich wie du, David, einen Freund. Der hieß Alexander. Der hat alles versucht, dass ich weiter auf die Schule gehen konnte. Sein Vater war deswegen sogar beim Schulleiter. Später hat er deswegen ziemlichen Ärger bekommen. Er hat nämlich bei der Stadt gearbeitet und einer hat ihn angezeigt, weil er sich für Juden einsetzte.

Irgendwann hat mich Alex dann besucht. Er hat mir ein Kinderbuch mitgebracht, das ihm seine Tante geschenkt hat. Die hatte ihm gesagt: ›Sei froh, dass der Judenbengel von der Schule ist. Hier hast du etwas zum Lesen. Da kannst du einiges über die Juden erfahren‹.

Erst wollte Alex das Buch wegwerfen. Doch dann dachte er, es wäre gut, dass ich darüber Bescheid wüsste.«

Schlomo schaute zu Ari hinüber. Ari verstand und ging in sein Arbeitszimmer. Schlomo nahm wieder einen Schluck aus seinem Glas und Ari kam mit einem alten, bunten Buch wieder. Schlomo hielt es den Kindern hin. Sie konnten die Schrift nicht lesen. Der Titel war in altdeutscher Schreibschrift geschrieben. Auf der Titelseite waren ein Fuchs und ein furchtbar hässlicher Mensch mit einer dunklen Hautfarbe und einer krummen Nase zu sehen.

»Das Buch hieß: ›Trau keinem Fuchs auf grüner Heid und keinem Jud bei seinem Eid‹.«

Er schlug eine Seite auf: »Seht her, wie angeblich Juden und Arier aussehen.« Er zeigte auf die Seite.

»Juden wurden als furchtbar hässliche Menschen mit zerknittertem Gesicht, riesiger Nasen, dicken Lippe und dunkler Haut dargestellt.«

Schlomo blätterte weiter. Auf einer anderen Seite zeigte das Kinderbuch, wie jüdische Kinder und Lehrer aus einer Schule geworfen wurden und wie blonde Kinder und Lehrer sie auslachten.

Schlomo zeigte noch mehr Bilder und endete: »Auf einem Bild sieht man eine jüdische Familie vor einem Schild stehen, worauf stand: ›Juden sind hier unerwünscht‹.

Ich war damals richtig geschockt.

Wir haben das Buch gleich meinem Vater gezeigt. Klar, die Rassengesetze haben ihm zu schaffen gemacht. Aber Auswandern wäre für ihn nie in Betracht gekommen.

Mein Vater sah sich lange dieses Bild an. Schließlich sagte er: ›Wenn jetzt schon Kinder so etwas vorgesetzt bekommen, dann ist es höchste Zeit zu gehen‹.

Vater hat sich sofort um unsere Flucht bemüht. Wir mussten alles zurücklassen. Frankreich war zum Glück nicht weit von Landau entfernt. Mit wenig Gepäck sind wir durch den Pfälzer Wald ins Elsass geflohen. Alex und sein Vater haben uns in die Nähe der Grenze gebracht. Über Frankreich und England kamen wir schließlich nach Israel.

Jüdische Freunde von uns gingen nach Polen. Von ihnen haben wir nie wieder etwas gehört.«

David und Mirjam schauten sich unsicher an. Sie wussten, dass jetzt ein sehr trauriges Kapitel der Geschichte kam.

Schoa – die große Katastrophe

»Wer es nicht aus dem Land heraus schaffte oder dachte, der Sturm geht wieder vorbei, der erlebte zunächst immer schwerere Unterdrückungen«, erzählte Schlomo weiter.

Wie im Mittelalter mussten Juden ein besonderes Zeichen tragen – den Judenstern.

Dann brannten die Synagogen. Es war der 9. November 1938. Viele Synagogen wurden in dieser Nacht zerstört – so auch die in Landau. Aber in dieser Nacht wurden nicht nur die Gotteshäuser zerstört, sondern auch viele Menschen getötet.«

Martin nickte. An seiner Wand hing immer noch das Bild der alten Synagoge von Kaiserslautern.

»1939 brach schließlich der Zweite Weltkrieg aus. Die deutsche Armee eroberte Polen. Dort schufen die Nationalsozialisten riesige Lager, in denen alle, die nicht in ihr Weltbild passten, ermordet werden sollten. Das waren nicht nur Juden. Auch politische Gefangene, Sinti, Roma und sogar Pfarrer hat man dort hingebracht. Die größten dieser *Konzentrationslager* hießen Auschwitz, Majdanek, Treblinka und Sobibor. Diese Namen lösen heute noch bei vielen Menschen in Israel Schrecken aus. Viele meiner alten Freunde haben noch ihre Nummer auf dem Arm, die sie im Konzentrationslager eintätowiert bekommen hatten.

Überall gab es solche Lager. Ari, sei so gut und zeig den Kindern mal eine Karte, auf der die Lager abgebildet sind.«
Ari tat dies.

»In Deutschland wurden Juden in Sammellager gebracht. Über den Abtransport wachten die *Gauleiter*, die jeweils über ein bestimmtes Gebiet in Deutschland herrschten. Deren Ziel war es, ihre Gebiete *judenfrei* zu machen. Der erste *judenfreie Gau* war dann auch meine Heimat, die Pfalz.

Alle unseren jüdischen Freunde, die nicht geflohen waren, brachte man in ein Lager nach *Gurs* im besetzten Frankreich. In Polen und in den eroberten Gebieten von Russland sammelte man zunächst die Leute in *Ghettos*. Das waren Stadtviertel, die man einfach abtrennte und ummauerte. In Warschau war das größte. Viele Menschen sind dort verhungert, weil die *Ghettos* nur mit wenigen Nahrungsmitteln versorgt wurden.

Dann wurden die Sammellager und Ghettos geräumt und die Menschen in die Vernichtungslager gebracht.«

Ari blätterte in einem Buch und zeigte auf ein Foto.

176

»In Viehwagons wurden die Menschen zu den Lagern transportiert. Auf der Bahnrampe wurde dann kurzerhand entschieden, wer gleich umgebracht werden soll. Wer nicht gleich umgebracht wurde, sollte durch Schwerstarbeit umkommen.

Arbeit macht frei, so stand es zynisch über den Eingängen der Konzentrationslager. Die Freiheit war für viele der Tod. Viele starben an Entkräftung, andere wurden zu Tode gequält oder für medizinische Experimente benutzt.

Um Menschen massenweise umbringen zu können, hatte man Gaskammern erfunden. Die sahen aus wie große Duschräume. Man verschloss sie und ließ Gift, das ursprünglich als Insektenvernichtungsmittel entwickelt wurde, in die Kammer strömen. Die Menschen starben qualvoll.

Ihre Leichen wurden in Öfen verbrannt. In vielen Vernichtungslagern kann man die Verbrennungsöfen noch sehen. Sechs Millionen Menschen sind damals ums Leben gekommen. Ihre Asche hat man einfach auf die Felder und Äcker gestreut.«

Schlomo holte tief Luft.

»*Schoa* – so nennen wir das, was damals passiert ist. Es bedeutet: *großes Unglück* oder auch *Katastrophe*. Andere nennen es *Holocaust*. Das ist griechisch und bedeutet: *vollständig verbrannt*.

Beides war geschehen. Die über 1000 Jahre gewachsene Kultur Europas war mit einem Schlag ohne eine wichtige Wurzel. Man hatte sie fast vollständig vernichtet.

Die wenigen Überlebenden der *Schoa* waren gezeichnet für ihr Leben. Viele wollten nach Israel einwandern, aber das ist eine andere Geschichte.«

Schlomo fiel das Sprechen sichtbar schwer. Daher übernahm Ari.

»Martin, du hast vorhin nach dem jiddischen Lied gefragt, das deine Eltern so gerne hören. *Donaj, Donaj* bedeutet übersetzt:

> *Auf dem Wagen liegt ein Kälbchen, liegt da, gefesselt mit einem Strick. Hoch im Himmel fliegt ein Vogel, fliegt und flitzt hin und zurück.*

178

*Da lacht der Wind im Kornfeld, lacht und lacht und lacht, lacht
den ganzen Tag über und noch die halbe Nacht.*

Donaj, donaj, donaj, donaj …

*Das Kälbchen schreit, der Bauer sagt: ›Wer hat dich geheissen,
ein Kalb zu sein? Du hättest doch auch ein Vogel werden können!
Du hättest doch auch eine Schwalbe werden können!‹*

*Die armen Kälblein – sie werden gefesselt und geschleift und ge-
schlachtet. – Wer Flügel hat, fliegt aufwärts, macht sich bei keinem
zum Knecht!*

Das Lied stammt von einem jüdischen Schriftsteller aus Polen. Er
war im *Warschauer Ghetto* eingesperrt, als er dieses Lied schrieb.
Seine Frau und seine beiden Söhne wurden bereits in das Vernichtungslager Auschwitz abtransportiert, er selbst wenig später. Das
Lied über das Kälbchen, das, ohne sich zu wehren, zur Schlachtbank
geführt wird, gehört für mich zu den bewegenden Zeugnissen aus
dieser Zeit.«

Martin schaute verwirrt. Sein Vater sang das Lied auf Englisch laut
und immer fröhlich mit. Er hatte eine Sammel-CD mit den Hits aus
seiner Jugendzeit, die er auf langen Autofahrten immer einlegte. ›Ob
Vater wohl diesen Hintergrund kannte?‹, grübelte er.

Schlomo erzählte weiter: »Ich will euch aber auch von Alex und seinem Vater erzählen. Der Vater von Alex ist im Krieg umgekommen.
Alex wurde noch am Ende eingezogen und wäre beinahe auch von
den Amerikanern erschossen worden. Er hat den Krieg schwer verletzt überlebt.

Dreißig Jahre nach dem Krieg hatten wir den ersten Kontakt.
Erst da hatte ich wieder den Mut, nach Deutschland zu fahren. Alex
wohnte inzwischen in Frankfurt und arbeitete bei einer Zeitung als
Redakteur. Wir haben lange zusammen gesessen, bis einer das erste
Wort herausbrachte. Am Ende meines ersten Besuches hat er mir
dann das Buch geschenkt, das uns zur Ausreise getrieben hat. Er hat
es immer wieder wegwerfen wollen. Schließlich hat er es aber aufbe-
wahrt, um daran zu erinnern, auf welche Ideen Menschen kommen.

Ich habe es dann später Ari gegeben. Der kann es gut für seine Arbeit brauchen.

Es gab Unzählige, die in dieser Zeit weggesehen, aber auch andere, die geholfen haben. Denkt an Anne Frank, deren Familie übrigens auch aus Landau stammt. Sie wurde jahrelang in Amsterdam mit ihrer Familie von Freunden versteckt, bis sie dann doch gefunden und verschleppt wurden. Das Tagebuch von ihr kennst du sicher?«

Martin nickte. Er kannte ein Bild von ihr aus dem Religionsbuch, aber mehr auch nicht. ›Auch das muss ich dringend nachholen‹, dachte er.

»Bekannt geworden ist auch Oskar Schindler. Sein Leben und das, was er für uns Juden getan hat, wurde sogar von Hollywood verfilmt.«

Martin horchte auf: *Schindlers Liste*. Das war der Film, den er nicht schauen durfte.

»Jedenfalls gab es sie, die wir hier *Gerechte* nennen. So habe ich heute gemischte Gefühle, wenn ich an Deutschland denke. Da denke ich an Alex und ich denke an die Tante von Alex, die ihm das antisemitische Kinderbuch geschenkt hatte. Ich denke aber besonders an die Millionen, die einfach umgebracht wurden.

Millionen, einfach so ...«

Jeder hatte das Gefühl, dass der Tag nun zu Ende war.

Keiner sagte mehr viel. Mirjam setzte sich zu ihrem Großvater, so wie sie das immer tat, wenn er von dieser Zeit erzählte. Als David und Martin leise in ihr Zimmer gingen, saß Mirjam immer noch bei ihm.

Einwanderung und der Staat Israel

Am nächsten Tag wollte Ari den beiden Jungs seine Arbeitsstelle zeigen. Mirjam kam ebenfalls mit. Sie besuchten das Museumsschiff in Haifa und landeten schließlich in Aris Büro. Ari holte ein paar Bildbände heraus und begann zu erklären.

»Seit dem 19. Jahrhundert wollten viele Juden raus aus Europa. Manche trauten dem Frieden nicht. Andere, wie russische Auswanderer, flohen vor Verfolgungen, die es dort immer noch gab. Die meisten zog es nach Amerika. Dort entstanden große Zentren des jüdischen Lebens, so in New York oder in der argentinischen Hauptstadt Buenos Aires.

Die Leute, die nach Israel auswanderten, waren dort zunächst unter der Herrschaft der Türken. Reiche Leute in Europa und Amerika kauften Land in Israel. Das gute Land war in den Händen arabischer Großgrundbesitzer und Bauern. Die ersten Siedler konnten daher nur unbrauchbares Land kaufen. Entweder waren es sandige und steiniger Äcker oder Sumpfgebiete, die sie erst einmal trockenlegen mussten. Viele starben in diesen Jahren an Malaria. Aber die jüdische Bevölkerung in Israel, das man damals Palästina nannte, wuchs. Tel Aviv und Haifa waren frühe Zentren der jüdischen Besiedelung.

Dann forderte ein Mann namens *Theodor Herzl* in einem Buch einen Judenstaat. Er war ein wichtiger Kopf einer Bewegung, die man

Zionisten nannte, benannt nach dem Berg Zion in Jerusalem. Sie wollten diesen jüdischen Staat vorantreiben.«

David horchte auf. »*Zion?* Die Söhne Mannheims haben doch eine CD gemacht, die Zion heißt. Hat die etwas damit zu tun?«

Ari zuckte mit der Schulter: »Kann ich dir nicht sagen, ich kenne sie nicht. Auch für Christen spielt der Berg Zion eine große Rolle. Du kannst mir die CD ja einmal ausleihen, wenn ich wieder in Deutschland bin. Ich würde sie mir gerne einmal anhören.«

Ari erzählte weiter.

»Nach dem Ersten Weltkrieg übernahmen die Engländer die Oberhoheit in dem Gebiet. Sie wollten die jüdische Einwanderung bremsen, weil sie befürchteten, dass es zum Streit mit der arabischen Bevölkerung kommt. Die meisten Juden mussten deshalb illegal einwandern. Sie kamen mit uralten Schiffen übers Meer und schlichen sich heimlich an den Strand. Auch die Familie meines Vaters ist auf diese Weise ins Land gekommen. Sie hatten Glück, dass ein alter Schulfreund meines Großvaters in Haifa ihnen Starthilfe gab. Mein Großvater fand Arbeit in einem kleinen Verlag. So konnte mein Vater in Ruhe die Schule besuchen. Sehr viele in Haifa kamen damals übrigens aus Deutschland. So war es nicht schwer, für deutsch sprechende Juden dort zurechtzukommen.

Als dann nach der Schoa und dem Zweiten Weltkrieg massenweise Juden nach Israel einwandern wollten, da kam es zu furchtbaren Unruhen, bei denen viele Menschen starben. Die Engländer blockierten nun mit aller Macht die Einwanderung von Juden. Bekannt wurde das Schicksal des Schiffes *Exodus*.

Das Schiff mit vielen Flüchtlingen, die den Konzentrationslagern entkommen waren, musste vor der Küste Israels umkehren. Die Flüchtlinge wurden zurück nach Europa gebracht. Ein Teil von ihnen wurde sogar in die Lager zurückgeschickt, in denen sie zuvor gelitten hatten.

Dieses Schicksal wurde bekannt und viele Zeitungen veröffentlichen diesen Skandal. Nun kam das Problem, wohin die Juden gehen sollten, vor die *Vereinten Nationen*. Dort saßen die Vertreter aller Regierungen der Welt. Diese stimmten 1948 dafür, dass es einen Staat Israel geben sollte.

Ein Plan, der bereits ein Jahr zuvor gemacht wurde, sah folgendermaßen aus: Man wollte einen jüdischen und einen arabischen Staat auf dem Gebiet Israel gründen. Jerusalem sollte eine internationale Zone sein. Hier seht ihr das auf einer Karte.

Aber kaum war der Staat Israel 1948 gegründet, da wurde ihm von seinen arabischen Nachbarn der Krieg erklärt. Die arabischen Einwohner des Landes flohen.

Immer wieder gab es in den nächsten Jahrzehnten Kriege, die von Israel gewonnen wurden. Doch wie ihr wisst, ist das Problem zwischen Israelis und den Palästinensern immer noch nicht gelöst. Es gibt keinen Tag, an dem nicht irgendetwas passiert.«

Mirjam wurde so blass, wie Martin sie noch nie gesehen hatte.
»Ich war neulich zu einer Geburtstagsfeier eingeladen«, erzählte Ari weiter. »Ein Arbeitskollege feierte seinen runden Geburtstag in einem Restaurant. Ich lag mit einer Erkältung im Bett. Wenn ich keine Erkältung gehabt hätte, säße ich heute vermutlich nicht mehr hier. In dem Restaurant ging eine Bombe hoch.«

Mirjam schluckte. Sie konnte sich gut an den Tag erinnern, als sie ihrem Vater das Essen ins Schlafzimmer hochbrachte und mit ihm im Fernsehen von dem Terroranschlag erfuhr.

»Und von unserer Seite? Immer wieder gibt es Übergriffe gegen die Palästinenser. Den Leuten in den Flüchtlingslagern geht es schlecht.

Unrecht geschieht. Vor ein paar Jahren hatten wir die Hoffnung, es geht voran. Die Präsidenten der Palästinenser und der Israelis, Arafat und Rabin, bekamen sogar den Friedensnobelpreis für ihre Bemühungen, den Frieden im Land herbeizuführen. Es entstand der Palästinenserstaat. Doch trotz all der Bemühungen gibt es immer noch keine Sicherheit und keinen Frieden. Es geht gerade so weiter ...«

Martin musste an den hebräischen Gruß und Wunsch denken:
Schalom – Frieden und Wohlergehen!

Er spürte bei Ari eine tiefe Sehnsucht nach dem *Schalom*.

BEWEGENDE ORTE

Eine Reise durch Israel

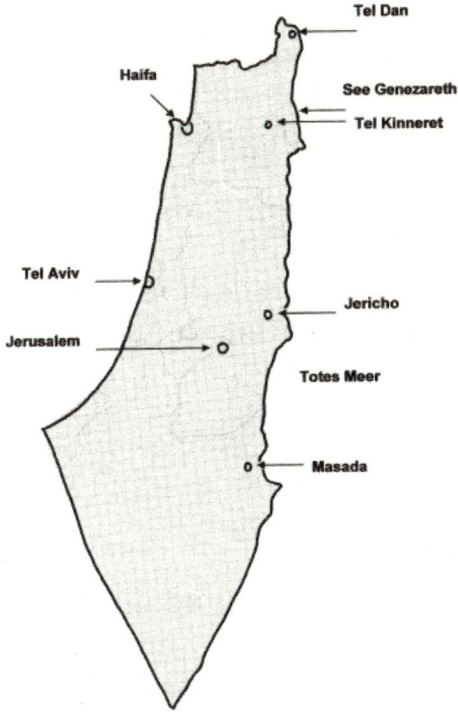

Am nächsten Tag machte sich Ari mit den drei Freunden auf die geplante Rundreise durch Israel. Drei Übernachtungen waren vorgesehen. Mirjam schenkte Martin vor der Abreise eine kleine Fahne.

»Das ist die Flagge von Israel. Sie ist an den Rändern blau und in der Mitte trägt sie den Schild Davids. Die beiden blauen Linien bedeuten: Israel liegt zwischen zwei Gewässern, dem Jordan und dem

Mittelmeer. Du wirst sehen, wie schön es zwischen den beiden Gewässern Israels sein wird«, strahlte sie selbstbewusst.

Martin bedankte sich, wusste aber zunächst nicht, wo er die kleine
Flagge hinpacken sollte. So schwenkte er sie den winkenden Eltern
zu und legte sie auf die Hinterbank.
    »Wir fahren zuerst in Richtung Norden, nach Tel Dan und an den
See Genezareth, wo wir heute übernachten«, erklärte Ari.
    »Klingt gut«, sagte Martin.

Kaum waren sie losgefahren, da begann Mirjam:
    »Wenn ihr beiden schon mal im Land seid, dann könnt ihr ja auch
gleich ein bisschen *Ivrit* lernen.«

David und Martin schauten sich an. Nein – Fremdsprachen waren
nicht gerade ihre Stärke. Aber sie wussten auch: Wenn Mirjam sich
etwas in den Kopf setzt ...
    »Also los«, begann Mirjam.
    »Das Wort *Schalom* kennst du ja schon.
    Auf Wiedersehen heißt *Lehitra'ot*. *Guten Morgen* heißt *Boker Tow*
und *Guten Abend Äräw Tov*. *Danke* heißt einfach *Toda*. Wenn es bei
einem Wort *-im* heißt, dann ist das die Mehrzahl. So heißt Freunde
also *Chawerim*.«
    David und Martin wiederholten brav die Worte und Mirjam schau-
te zufrieden.

Tel Dan – See Genezaret – Tel Kinneret

Die Fahrt dauerte ziemlich lange und Mirjam setzte unablässig ihren
Crashkurs *Ivrit* fort, bis die Jungs streikten.
    Es ging bis an die Nordgrenze Israels, nach *Tel Dan*. Hier lag eine
der wichtigsten Ausgrabungsstätten für die Frühzeit Israels und ein
toller Archäologiepark, ganz nach dem Geschmack von Mirjam.
Nach knapp drei Stunden kamen sie endlich an. Die Ausgrabungsstätte lag etwas vom Parkplatz entfernt. Durch ein kleines Wäldchen

rauschte der Fluss Dan. Als sie auf eine freie Fläche kamen, sahen sie eine Berglandschaft mit hohen, schneebedeckten Bergen.

»Das ist der Hermon, der höchste Berg Israels. Da kann man auch Skifahren«, erklärte Mirjam.

Martin war erstaunt. Am selben Tag im Meer baden und Ski fahren gehen – ein tolles Land!

Die vier schauten sich den Archäologiepark an. Vieles war zu entdecken. Eine alte Getreide- und Olivenmühle, eine Weinpresse und ein altes Stadttor aus der Zeit kurz nach Salomon, alles gut mit Schautafeln erklärt. Sie gingen weiter und entdeckten dann ein, mit einem riesigen Plastikdach überdecktes, aus uralten Ziegelsteinen gebautes Stadttor.

»Dieses Stadttor ist über 3800 Jahre alt«, erklärte Ari. »Es ist anzunehmen, dass Abraham auf seinem Weg aus Haran in Dan vorbeigekommen ist. Dann müsste er wohl hier durchgekommen sein.« Ehrfürchtig schauten die drei zu den sich im Verfall befindlichen, rötlich schimmernden Ziegelsteinen.

Auf dem Rückweg hörten sie wieder den rauschenden Fluss Dan. »Der Dan mündet in den Jordan«, erläuterte Ari. »Da hat der wichtigste Fluss Israels auch seinen Namen her. *Jordan* heißt nämlich einfach: *Kommt von Dan.*«

Die vier waren kurz vor dem Parkplatz, als plötzlich drei Hubschrauber über ihre Köpfe in Richtung Berge flogen. Sorgenvoll blickte Ari ihnen nach. Wenige Minuten später hörten sie entferntes Donnergrollen. Martin blickte irritiert in diese Richtung.

»Das war eine Vergeltungsaktion. Hinter der Grenze liegen Siedlungen der Palästinenser. Von dort fliegen immer wieder Granaten auf unsere Dörfer.«

Schweigend stiegen die drei ins Auto. Es dauerte eine knappe Stunde, bis wieder ein Gespräch begann.

Inzwischen hatten sie die Hochebene erreicht, von der man gut den *See Genezareth* sehen konnte. Sie fuhren auf der Straße in Richtung Tiberias und bogen hinter Tabga zum See Genezareth ab. Dort war ein Hotel, in dem sie übernachteten. Als alle ihre Zimmer bezogen hatten, trafen sie sich zu einem Spaziergang. Das Hotel lag zwischen dem See und einer großen Bananenplantage. Sie konnten also nur am See entlang gehen. So gingen sie in Richtung Norden und kletterten einen steinigen Hügel hinauf. Sie blickten von oben auf den See Genezareth und Ari zeigte auf eine Stelle.

»Das ist *Tel Kinneret*, der Ort, von dem der See Genezareth seinen Namen hat.«

»*Tel Dan, Tel Kinneret* – hat *Tel* eine besondere Bedeutung?«, fragte Martin.

»Klar«, rief Mirjam dazwischen. »*Tel* meint *Hügel* und in der Archäologie bezeichnet man damit einen *Grabungshügel.* Du musst dir vorstellen: Hier in Israel lebten seit Tausenden von Jahren die Leute an denselben Orten. Immer wieder wurden die Häuser durch Kriege oder Naturkatastrophen zerstört. Städte und Dörfer wurden verlassen und wieder neu auf den zerfallenen Trümmern aufgebaut. Schau dir diesen Hügel an. Darunter sind unzählige Schichten von zerfallenen Häusern.«

Inzwischen waren sie weiter in Richtung Ausgrabungsstätte gegangen. Sie sahen auf dem Gelände drei Männer, die Steine in die Hand nahmen und wieder wegwarfen. Ari ging auf sie zu und man stellte sich vor. Die Männer kamen aus Deutschland und arbeiteten an verschiedenen Universitäten. Einer davon lehrte an der Universität Mainz, die derzeit die Grabung am Tel Kinneret betreute.

Mirjam fragte interessiert, was sie da täten. Ein großer, bärtiger Typ mit fränkischem Akzent erklärte: »Wir besichtigen das Grabungsgelände und bereiten eine neue Grabung im nächsten Jahr vor. Seht ihr diese Scherben?«

Die vier nickten.

»Das sind Scherben aus verschiedenen Epochen. Durch Regen und Erosion werden auch sehr alte Scherben freigelegt.« Er hob zwei Scherben auf.

»Seht mal: Hier ist eine Scherbe mit einem Muster. Der Ton wurde durch Kämmen verziert. Und hier ist eine grobe Scherbe ohne Verzierung.«

Mirjam war ganz aufgeregt: »Die eine stammt vermutlich von den Kanaanäern. Die hatten schon Städte und haben ihre Tongefäße kunstvoll bemalt oder gekämmt. Die andere ist wohl von den Israeliten, die sich vor etwa 3200 Jahren hier ansiedelten. Das waren noch Bauern und Hirten und hatten daher nur einfach Tongefäße.«

»Hey – super, junge Dame. Du bist ja bestens vorbereitet. So jemand wie dich können wir gut für unsere Grabung brauchen. Freiwillige werden immer gesucht.«

Mirjam schaute stolz ihren Vater an.

»Junge Dame, du bist erst vierzehn – vergiss das nicht«, konnte Ari dem begeisterten Blick seiner Tochter nur entgegensetzen.

»Falls Sie sich vielleicht doch entscheiden sollten, mit ihrer Tochter zusammen hier an der Grabung teilzunehmen – ich gebe ihnen die Adresse unserer Homepage«, sagte der Mainzer Professor und zückte eine Visitenkarte.

Der dritte Archäologe richtete seinen Blick wieder auf das Grabungsfeld und erklärte. »Wir untersuchen das Gelände auch, ob es hier Gräber gibt.«

»Wieso das?«, fragte Martin. David antwortete:

»Martin, erinnerst du dich an das, was ich dir über die Totenruhe erzählt habe? Die Totenruhe ist nicht zeitlich begrenzt. Wenn hier ein jüdisches Grab auf dem Ausgrabungsgelände gefunden wird, kann nicht gegraben werden.«

»Richtig. Wir hatten das Problem vor ein paar Jahren. Daher sind wir vorsichtig«, erklärte der Archäologe.

Die vier bedankten sich und gingen weiter. Ari zeigte nach Norden. »Martin, schau mal. Das ist der Berg der Seligpreisungen. Da hat Rabbi Jesus dem Volk die Bergpredigt gehalten. Und dahinter befindet sich Kapernaum.«

Martin schaute in diese Richtung. Die Jesusgeschichten waren ihm aus dem Religionsunterricht gut bekannt. Und die spielten meistens in Kapernaum und am See Genezareth.

Tel Aviv

Am nächsten Morgen ging es früh los. In schönen rötlich-gelben Farben tauchte die Sonne über den Bergen jenseits des Sees auf. Sie kamen nach Tiberias, der größten Stadt am See.

»Hier haben schon die Römer eine große Stadt gebaut«, tönte Mirjam von hinten. Sie war gerade richtig wach geworden. Ari nickte und erzählte etwas über die Bedeutung von Tiberias in römischer Zeit.

»Wir fahren jetzt in Richtung Tel Aviv.« Ari bog vom See ab und fuhr Richtung Westen. Karge Bergrücken und bewaldetes Gebiet taten sich vor ihnen auf. Nach einer Weile kamen sie in eine Ebene und dann wieder ans Meer.

Es war kurz vor Mittag, als sie Tel Aviv erreichten. Ari parkte in der Nähe des Strandes. Martin fand die Stadt auf den ersten Blick nicht so toll. Viel Verkehr und zahlreiche Hochhäuser, doch der Strand überzeugte ihn.

Ari deutete auf den Strand. »Mirjam, hier kam dein Großvater 1938 mit seinen Eltern illegal an Land. Unzählige Leute lagerten damals am Strand und wussten nicht wohin.«

»Vor etwas über hundert Jahren wurde die Stadt Tel Aviv ohne große Pläne in die Sanddünen gebaut«, erzählte Ari weiter. *Tel Aviv* heißt *Hügel des Frühlings*. Wie der Frühling sollte diese Stadt den Juden Hoffnung geben. Es war die erste rein jüdische Stadt in Israel. Heute wohnt hier übrigens fast ein Drittel der Bevölkerung Israels.

Wo wir jetzt hingehen, da sind ein paar der ältesten Häuser aus der Frühzeit der Einwanderung, noch vor der Zeit, als mein Vater hier ankam.«

Sie gingen vom Strand weg und schauten sich die Häuser an. Allerdings sah das alles andere als spektakulär aus. Ganz einfache Häuser. Aber sie bildeten den Anfang des modernen Staates Israel.

Sie alle hatten Hunger. Martin sah das Schild einer Hamburgerkette, das ihm auch aus Deutschland bestens bekannt war.

»Ich würde gerne einen koscheren Big Mac probieren«, murmelte er hörbar vor sich hin.

David musste lachen und an seinen zwölften Geburtstag denken.

Jerusalem

Sie fuhren nun weiter in Richtung Jerusalem, wo sie die nächsten beiden Nächte verbrachten. Die Straße, die nach Jerusalem hinaufführte, zwängte sich durch ein Tal. Die Landschaft wurde karger. Ockergelbe Felsen waren zu sehen. Rechts und links standen zerstörte und mit frischer Farbe überstrichene Fahrzeuge. Ari deutete in die Richtung und erklärte: »Die wurden nach der Gründung des Staates Israel zerstört, als 1948 der Krieg ausbrach. Die Israelis wollten ihre Landsleute in Jerusalem mit Nahrung versorgen. Die Araber saßen auf den Anhöhen und schossen auf die Wagen. Viele starben hier.«

Sie fuhren weiter und andächtig blickten die drei Freunde auf die Fahrzeugwracks.

In Jerusalem bezogen sie ein Gästehaus am Rande der Stadt. Alle waren ziemlich müde von der Fahrt, doch sie legten nur kurz ihr Gepäck in die Zimmer und zogen los.

Jeruschalaijm – der hebräische Name der Stadt allein schon klang wunderbar in den Ohren. Von einem Taxi ließen sie sich am Damaskustor absetzen.

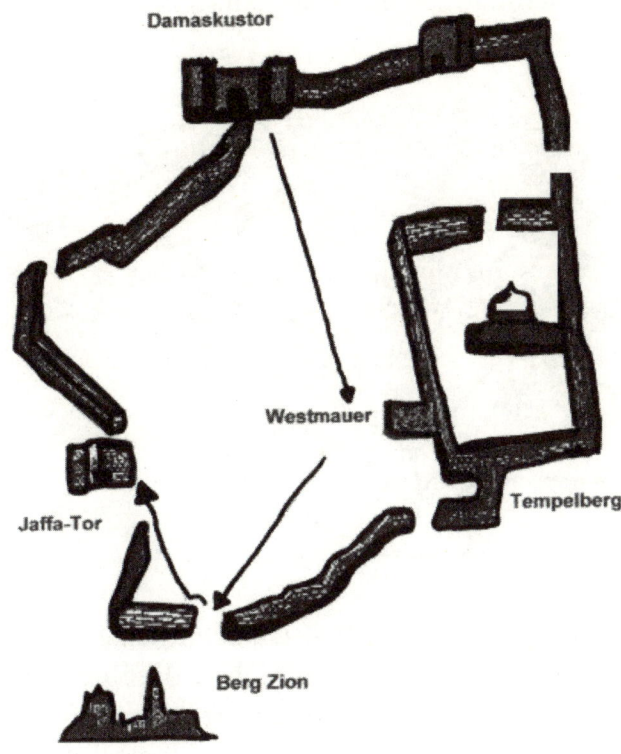

Sie waren kaum durch das Damaskustor in die Altstadt von Jerusalem gegangen, da umgab sie schon das Treiben des Orients. Jeder Händler wollte ihnen das unvergleichliche Angebot in seinem Geschäft zeigen. Der Duft von Gewürzen hing in der Luft. Eine Touristengruppe überrannte sie fast, als sie eine der Hauptstraßen der Altstadt gemächlich nach unten gingen. Auch wurden sie immer wieder von Männern in schwarzen Anzügen mit Hut auf dem Kopf und Schläfenlocken überholt.

Nach einer Weile kamen sie an einen Kontrollpunkt des Militärs. Martin wurde ein wenig nervös. Da sah er auch schon die goldene Kuppel der Moschee, die über dem Tempelberg ragte. Ari holte drei Kopien hervor und erklärte: »Das soll euch zur Orientierung dienen. Hier liegt der Tempelberg. Wir stehen auf der Rückseite. Oben auf dem Berg sind die Moscheen der Muslime. In der Moschee mit der großen, goldenen Kuppel verehren sie den Ort, an dem Abraham,

195

den sie Ibrahim nennen, seinen Sohn Ismael beinahe geopfert haben soll.«

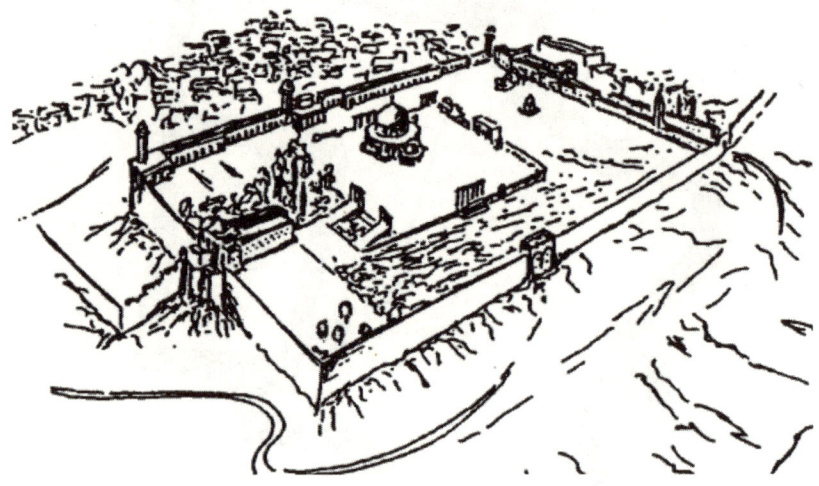

Alle drei schauten verwirrt. »War das nicht Isaak?«

Martin erinnerte sich an die Geschichte, die ihm David einst zu *Rosch ha Schana* und der Bedeutung des *Schofar* erzählt hatte.

»Das ist es ja gerade. Nach der Tora ist Ismael der Sohn Abrahams, den er mit Saras Dienerin Hagar hatte. Wie es damals üblich war, sollte eine Dienerin ein Kind austragen, wenn die Frau keines bekommen konnte. Als Sara dann mit Isaak schwanger war, wurden Hagar und Ismael weggeschickt. Nach dem Koran, der heiligen Schrift der Muslime, ist Ismael der Stammvater der Araber. Er gilt als der legitime Sohn Abrahams, der geopfert werden sollte und von Gott gerettet wurde. Eines der größten Feste der Muslime, das *Opferfest,* erinnert an diese Geschichte, die von beiden Religionen unterschiedlich erzählt wird.«

Martin war immer noch irritiert, als er das Treiben am Fuße des Tempelberges entdeckte. Vor einer hohen Mauer standen viele Menschen.

»Das sind die Stützmauern des zerstörten Tempels von Jerusalem«, kommentierte Ari. »Wir nennen sie Westmauer, und nicht Klagemauer, wie man den Ort häufig nennt. Für uns Juden ist hier so etwas wie der religiöse Mittelpunkt der Welt. Deswegen haben sich viele Fromme in Jerusalem angesiedelt, um dem Tempelberg nahe zu sein und hier jeden Tag beten zu können.«

Martin sah unzählige, schwarz gekleidete Männer mit Hut und Schläfenlocken.

»Die Frommen?«, blickte Martin fragend zu Ari.

»Stimmt, die *Chassidim*«, bestätigte Ari.

»Die meisten von ihnen wohnen hier im Stadtteil *Mea Schearim,* was *hundert Tore* bedeutet.«

Mirjam und David gingen mit Ari auf das umzäunte und von Soldaten geschützte Gelände. Sie wollten an der Mauer ein Gebet sprechen.

Martin blieb an der Umgrenzung stehen. Er schaute sich lange das Treiben und die beeindruckende Stimmung an – ein Ort, an dem zwei große Religionen beten.

Von weitem sah er die drei Freunde beim Gebet. Dann schrieben sie etwas auf kleine Zettel und steckten es in die Ritzen der Mauer. Später erklärte ihm Mirjam, dass dies Bitten waren, die an Gott gerichtet sind. Als Ari, David und Mirjam zurückkamen, blieben sie noch ein paar Minuten andächtig stehen.

Miteinander ging es weiter durch ein Stadttor. Ari deutete nach rechts.

»Da drüben ist der Berg *Zion*. Dort liegt König David begraben und von hier soll das Heil der Welt kommen.«

Bei dem Anblick mussten Martin an ein Weihnachtslied und David an seine CD der *Söhne Mannheims* denken.

Dann gingen sie wieder durch das Stadttor und auf einem anderen Weg durch die Altstadt, immer die Stadtmauer im Blick. Sie kamen an eine Stelle, wo die Stadtmauer durchbrochen war. Es dämmerte schon und sie setzten sich in ein Straßencafé. Ari bestellte für alle Cola und Falafel.

Martin schaute sich das Essen an.

»Das sieht ja aus wie Döner!«

»Ja, aber da ist kein Fleisch drin.«

»Was denn?«

»Das, was so aussieht wie Frikadellen, das ist aus Kichererbsenmehl gemacht und heißt Falafel.«

Martin lächelte und war gespannt darauf, warum das wohl Kichererbsenmehl heißt. Genüsslich biss er in sein Falafelbrot und war zufrieden.

Ari deutete zu der offenen Stelle in der Stadtmauer.

»Seht euch mal dieses Tor an. Das Jaffa-Tor ist die einzige Durchfahrt für Autos in die Altstadt. Der Durchbruch wurde für den Deutschen Kaiser gemacht, als der 1898 nach Jerusalem kam und unbedingt sein Auto vorführen wollte.«

Die drei lachten.

Nach einer halben Stunde fuhren sie mit einem Taxi zurück zum Gästehaus. Dort fielen sie müde in ihre Betten.

Am nächsten Morgen ging es zuerst zum *Shrine of the Books*. David und Mirjam wollten unbedingt die Schriftrollen vom Toten Meer sehen.

Gleich gegenüber war die *Knesset,* das Regierungsgebäude des Staates Israel. Sie hielten kurz an der *Menora* an, die als Symbol des Staates Israel hier steht.

Jad wa Schem

Die vier fuhren weiter nach *Jad wa Schem*. Auf dem Parkplatz wusste Martin noch nicht, was ihn erwartete. Auch David war zum ersten Mal hier, doch er wusste genug über diesen Ort, um nachdenklich zu werden. Mirjam ging schweigend hinterher. Ari erklärte. »*Jad wa Schem* bedeutet *Denkmal und Name*. Der Name erinnert an ein Wort des Propheten Jesaja:

... denen will ich in meinem Haus und in meinen Mauern ein Denkmal und einen Namen geben... Einen ewigen Namen will ich ihnen geben, der nicht vergehen soll.

Jes 56, 5

Der Ort wurde zum Gedenken an all die Ermordeten errichtet, die in der *Schoa* ums Leben gekommen sind.«

Aris kurze Erklärung genügte. Schweigend gingen alle in Richtung Museum.

Martin wollte alleine gehen und blieb bewusst zurück. Er schaute in Ruhe die Tafeln und ausgestellten Gegenstände an und wollte nichts anderes hören und sehen.

Martin las und sah, was er neulich über Antisemitismus und die Terrorherrschaft von Mirjams Großvater erzählt bekam.

Alle Puzzleteile, die er bisher gehört hatte, fügten sich hier nun zusammen. Ausführlich wurden Einzelschicksale dargestellt. Sie zeigten, wie das Leben ganz normaler Menschen jüdischen Glaubens in dieser Zeit ausgesehen hatte, wohin sie geflohen waren, mit all den Schwierigkeiten, die rechtlose Menschen hatten: kein Geld, keine Papiere, der Willkür ausgeliefert.

Dann erfuhr er etwas über das Schicksal derer, die nicht früh genug aus der Terrormaschine herausgekommen waren. Er sah die nachgebaute Hauptstraße des Warschauer Ghettos, die einen Eindruck geben konnte von der Not, die eingepferchte und hungernde Menschen erleiden mussten.

Martin sah die Häftlingskleidung der Konzentrationslager. Er stellte sich vor, wie Menschen im Winter vor Sonnenaufgang bei Wind und Kälte stundenlang in diesen dünnen Anzügen dastehen mussten und es schüttelte ihn.

Die Bilder von Kindern, die von den Experimenten der Ärzte in den Konzentrationslagern gezeichnet waren, machten ihm besonders zu schaffen. Er erfuhr, dass allein 1,5 Millionen Kinder der Terrorherrschaft zum Opfer fielen.

Lange sah er sich Bilder und Filme über frisch befreite Lagerinsassen an. ›Das sind ja lebendige Tote‹, dachte er. Bei einem Foto, auf dem ein Berg abgemagerter Leichen zu sehen war, wurde es ihm schlecht und er musste sich setzen.

Dann erfuhr etwas über das System der Vernichtungslager, über den Eifer, alles zu erfassen: Wie viel Zahngold man den Menschen aus dem Mund heraus gebrochen hatte, wie viele Tonnen Haare man ihnen abrasierte und wofür man diese verwenden wollte. Völlig verwirrt war er schließlich, als er den Lampenschirm sah, der aus der Haut eines Toten gemacht wurde.

Martin musste in diesem Moment an Tante Astrid denken.

»Das alles soll vergessen werden?« Wut kam in ihm hoch, und gleichzeitig ein Gefühl der Ohnmacht.

Dann wurde er unsicher. Wie hättest du damals reagiert? Hättest du, wie deine Eltern, den Mund gehalten? Immer mehr kochte es in ihm hoch. Schließlich platzte es aus ihm heraus und er sagte laut: »Nein!«

Als Martin aus dem Museum kam, war er fix und fertig. Er hatte nicht gemerkt, dass er inzwischen mehr als vier Stunden im Museum verbracht hatte. Am Denkmal für die Ermordeten warteten geduldig seine Freunde.

Schweigend gingen sie in Richtung einer Allee. Martin schaute vor sich hin. Jetzt nichts zerreden!

Als sie ein Stück gelaufen waren, entdeckte Martin kleine Tafeln unter den Bäumen. Es waren Danktafeln, auf denen Namen standen – Erinnerung an die *Gerechten,* die in dieser dunklen Zeit geholfen hatten. Martin dachte an Alex, den Freund Schlomos. Dann kamen sie an die Gedenktafel von Oskar Schindler.

Als sie nach einer Stunde stummen Spaziergangs wieder zurück zum Auto gingen, war ein großes Gefühlschaos in ihm. Immer noch tief bewegt von dem, was er gesehen hatte, aber auch hoffnungsvoll, dass es Menschen gab, für die gerade an dieser Stätte ein Baum gepflanzt worden war.

Keiner sagte mehr etwas an diesem späten Nachmittag. Am Abend saßen sie beim Abendessen im Gästehaus und unterhielten sich oberflächlich über dies und das. Bevor sie zu Bett gingen, klopfte David seinem Freund kurz auf die Schulter. Martin war froh über diese Geste und schlief erst nach einer Stunde erschöpft ein.

Jericho und Masada

Am Morgen packten sie und frühstückten schweigend. Die Bilder von gestern hatten sie sehr mitgenommen.

Sie fuhren hinaus aus der Stadt. »Jetzt geht es nach Jericho und am Toten Meer entlang«, verkündete Ari.

Martin schaute aus dem Fenster. Sie fuhren durch ein enges Tal und er sah gebirgige Schluchten, die von dem Tal abgingen. Vereinzelt standen Beduinenzelte am Wegesrand. Als sie das Tal verließen, sahen sie in die schimmernde Jordanebene. Rechts konnte man gut das Tote Meer überblicken. Nachdem sie eine Militärkontrolle passiert hatten, erreichten sie Jericho.

»*Jericho* heißt übersetzt: *die, die gut riecht*« erklärte Ari und sofort wussten die drei, warum. Ein warmer, süßer Duft lag in der Luft. Bei dem Ausgrabungsgelände, der Grund, warum sie hier waren, waren Stände mit Früchten aufgebaut. »Ich hole uns mal eine Pomela. Geht ihr schon einmal zur Kasse vor.«

Die drei trotteten in Richtung des Grabungshügels.

»War hier nicht das mit Josua, der die Mauern der Stadt durch Posaunen umblasen ließ?«, fragte Martin.

Mirjam schaute etwas nachdenklich.

»In meinem Buch steht darüber: Die Hebräer haben in der Zeit Josuas sicher einige Städte eingenommen. Aber gerade diese Geschichte scheint, archäologisch gesehen, nicht ganz zu stimmen. Die Israeliten fanden die Stadt wohl schon zerstört vor – jedenfalls zeigen dies die Ausgrabungen. So hat man wohl später die wahre Geschichte der Zerstörung vieler Städte mit der schon zerstörten Stadt Jericho in Verbindung gebracht.«

Hinter ihnen tauchte Ari mit einer riesigen Frucht auf, die wie eine aufgeblasene Grapefruit aussah. Er schälte und verteilte sie. Mirjam und David verschlangen ihre Portion, doch Martin kaute ein wenig verlegen darauf herum.

»Gewöhnungsbedürftig«, kommentierte er und schon war Mirjam da und ergatterte sich den Rest, den er nicht mehr essen mochte.

Sie stiegen einen Weg hinauf, der einen Einblick in die Grabung gab.

Der Hügel sah aus, als sei er in der Mitte durchschnitten. Mirjam erklärte. »Hier kann man sehen, wie man eine Grabung nicht machen sollte. Früher hat man einfach eine riesige Schneise in einen *Tel* gegraben. Man wollte schnell an Schätze herankommen. Heute geht man vorsichtiger vor.«

»Ihr seht hier eine der ältesten Städte der Welt«, deutete Ari auf den Hügel. »Schon vor 7000 Jahren gab es hier eine Stadt. In dem Graben seht ihr einen der ältesten erhaltenen Türme der Welt.«

Ari erklärte noch einiges zur Geschichte dieser bedeutenden Siedlung, aber Martin schaute sich die Umgebung an und murmelte vor sich hin: »Ist das schön hier!«
Er sog den Duft, der in der Luft lag, nochmals tief ein.

Dann fuhren die vier weiter zum Toten Meer. Es ging an *Qumran* vorbei. »Hier sind die Schriftrollen gefunden worden, die ihr gestern im Museum gesehen habt – dort in den Felshöhlen.«

Die Fahrt ging am Toten Meer entlang. An einem Parkplatz hielt Ari an und man konnte schon den Felsen von Masada sehen. »Hier geht es zur Seilbahn, die uns nach *Masada* hochbringt.«, erklärte Ari.

Als sie die Seilbahn bestiegen, begann David: »Diese Festung war das letzte Bollwerk der Juden gegen die Römer. *Masada* heißt *Burg*. Schon Judah Makkabi hatte hier eine Burg geplant.«

»Judah der Hammer gegen Kunibert der Schreckliche!«, flüsterte Martin David zu, so dass der lachen musste.

Oben angekommen fing sich David wieder.

»Herodes der Große, wie er sich nannte, hatte um das Jahr 30 vor eurer Zeitrechnung *Masada* zur stärksten Festung des Landes ausgebaut – wohl zu seinem eigenen Schutz, da er sehr unbeliebt im Volk war. Als dann der Krieg gegen die Römer begann, übernahmen die *Zeloten* die Festung. Mirjam hat von ihnen erzählt. Sie saßen noch hier, als Jerusalem bereits erobert war. Zwei Jahre lang haben sich die Römer an dem Felsen die Zähne ausgebissen. Dann kamen sie auf die Idee, eine riesige Rampe zu bauen.«

Sie gingen zu dem Platz, von dem aus man die Rampe gut sehen konnte.

»Mit ihren Belagerungsmaschinen haben sie die Festung bald sturmreif geschossen. Doch die Verteidiger wollten sich nicht ergeben. 960 Männer, Frauen und Kinder brachten sich lieber um, als in die Hände der Römer zu fallen.«

David blickte ernst. »Heute gilt *Masada* als Symbol für den unbedingten Willen, sich nie zu unterwerfen«.

Ein Volk, das die Freiheit über alles stellt. Besonders David beeindruckte diese Haltung. Er hatte zwar vieles in Büchern über *Masada* gelesen, doch an dem Ort selbst zu sein, das ging ihm tiefer als er gedacht hatte. David ließ seinen Blick über die Weite der Wüstenlandschaft schweifen. Er sah das entfernte Tote Meer und ganz klein die Umrisse des Römerlagers zu Füßen des Felsens. ›Schön und grauenvoll zugleich, dieser Ort‹, dachte er sich.

Martin trat zu ihm hin. Er spürte, dass David von dem Ort sehr eingenommen war und blieb schweigend neben ihm stehen.

Als sie wieder unten waren, fuhren sie ein Stück des Weges zurück. Ari parkte in der Nähe von *En Gedi,* bei einer kleinen Oase mit Bademöglichkeit am Toten Meer. Schnell hatten sie sich umgezogen und wollten ins Wasser stürmen. Doch Ari warnte: »Passt auf eure Augen auf. Der Salzgehalt im Wasser ist sehr hoch.«

Im Wasser spürte Martin, wie anders dieses Meer war. Ohne Anstrengung trieb er oben. Er fühlte aber auch ein Ziehen an einer Stelle, die er sich in Masada aufgescheuert hatte. »Das Wasser hier heilt alle Wunden. Selbst schlimme Hautkrankheiten«, erklärte Ari.

Nach zwanzig Minuten gingen sie duschen, um das schnell trocknende Salz von ihrem Körper zu waschen. Sie fuhren weiter. Es war eine weite Strecke, die vor ihnen lag. Aber Ari hatte eine feste Pause eingeplant.

Kibbuz

Nach einer Stunde Fahrt fuhr Ari auf das Gelände eines *Kibbuz.* Vor einem Restaurant hielt er an und die vier gingen hinein. Das Restaurant erinnerte an einen großen Speisesaal. Ari bestellte vier Essen.

»Was ist das, ein *Kibbuz?*«, fragte Martin und sah, dass Mirjam nicht gerade erfreut dreinschaute. Ari erzählte: »Als ich jung war, wollte ich unbedingt in einem *Kibbuz* leben. Ein Kibbuz ist eine große Gemeinschaft von Leuten, die zusammen leben wollen. Dabei ist ihnen ein großes Mitspracherecht bei allen Entscheidungen wichtig. Jeder hat in der Gemeinschaft etwas zu sagen und mitzubestimmen. Alles, was verdient wird, wird geteilt. In manchen Kibbuzim werden sogar die Kinder früh von ihren Eltern getrennt und schlafen in gemeinsamen Schlafräumen.«

»Hört sich ja spannend an«, sagte Martin, doch seine Freunde stöhnten: »Hallo Martin! Aufwachen! Kein eigenes Zimmer mehr, kein eigener Computer, deine Bücher gehören allen …«

Martin schaute nachdenklich zu Mirjam. Kein Wunder, dass sie vorhin so komisch dreinschaute. Sie sagte:

»Vater wollte mit uns vor ein paar Jahren in einen Kibbuz ziehen, aber wir Mädels haben uns mit Händen und Füßen dagegen gewehrt.«

»Gegen so eine Front kann man eben nichts machen«, lächelte Ari verständnisvoll.

»Ich weiß ja auch inzwischen, dass nicht alles im Kibbuz so toll ist, wie ich dies als Jugendlicher gesehen habe. Aber die Idee finde ich immer noch gut.«

»Wie viele Leute gibt es denn hier in Israel, die sich darauf einlassen?«, erkundigt sich Martin.

»Nun, es gibt um 270 Kibbuzim in Israel, in denen etwas über 120 000 Menschen ständig wohnen. Aber es sind nicht nur Israelis. Auch viele Leute aus dem Ausland kommen hierher, um sich für eine Zeit oder ganz auf das Leben in einem Kibbuz einzulassen.«

Martin murmelte nachdenklich vor sich hin:

»Was es so gibt, in diesem Land.«

Abschied von Israel

Am Abend, als sie wieder in Haifa ankamen, hatten sie viel zu erzählen. Sie schlangen das Abendessen hinunter. Jeder hatte sein eigenes Highlight.

Für Mirjam war es die Begegnung mit den Archäologen auf dem Tel Kinneret. Sie schaute ihren Vater groß an, als sie von der Einladung erzählte. Ari hatte die Visitenkarte des Mainzer Professors in seinem Geldbeutel und dachte sich:

»Mirjam wird schließlich bald 15 und ein bisschen Bewegung schadet mir ja auch nicht. Aber verraten wird noch nichts!«

Für David war es Masada, die Felsenfestung. Der heroische Freiheitskampf war so ganz nach seinem Geschmack.

Martin war am meisten von *Jad wa Schem* beeindruckt. Noch nie war er mit der deutschen Geschichte so konfrontiert worden. Die Gedenkstätte zeigte ihm alle Gesichter des Schreckens. Aber sie blieb nicht bei dem Schrecken stehen. Der Ort strahlte durch die ge-

pflanzten Bäume auch Hoffnung aus. Doch trotz dieser Hoffnungs-
zeichen wusste er, dass auch in Zukunft sicher viel zu tun war, damit
die Erinnerung an das Leid erhalten bleiben wird.

An den nächsten Tagen ging es etwas geruhsamer zu. Sie machten
eine Wanderung auf den Berg Karmel, zu dessen Füßen Haifa liegt.
Sie hatten einen wundervollen Blick über die Stadt.

Sie gingen an den Strand und besuchten am Schabbat eine Freundin von Mirjam, die sich sehr für David zu interessieren schien.

Die Zeit verging wie im Flug und bald schon war der Tag des
Rückflugs gekommen. Wehmütig und dankbar dachte Martin an die
Tage zurück.

Ari war ihm wichtig geworden in diesen Tagen. Er hatte ihm viel
beigebracht und blieb bei allem immer gelassen.

Knapp zehn Tage mit seinem Freund David – das war toll. Er hatte
den Eindruck, dass ihre Freundschaft noch mehr gewachsen war.

Und Mirjam? Er hatte sie nun besser kennen gelernt. Ihm machte
das Vorlaute an ihr nichts mehr aus. Was ihn besonders beeindruckte
war ihre Art, sich für Dinge zu begeistern. ›Das ist etwas, was ich
noch lernen muss, dachte er bei sich.‹

Als sie sich dann in Tel Aviv auf dem Flughafen verabschiedeten,
drückte sie ihn herzlich und gab ihm einen Kuss auf die Wange.

Er dachte, seine Ohren würden wieder rot werden, doch dem war nicht so. ›Daran kann man sich gewöhnen‹, dachte er und lächelte.

»Bis bald«, rief Martin ihr hinterher und empfand bei ihrem Anblick ein tiefes Gefühl, das er bisher bei sich noch nicht kannte. Der Abschied fiel ihm sichtlich schwer.

Auch Mirjam spürte Abschiedsschmerz und dieses Gefühl. Doch sie ließ sich nichts anmerken und warf Martin ein breites Lächeln hinterher.

Martin war schon durch den Schalter gegangen. Er konnte Mirjam nicht mehr sehen. Aber er konnte sie noch ein letztes Mal hören. Laut tönte es durch die Halle:

»Schalom, Martin!«

Nachwort

Schalom – ein Gruß und eine Vision zugleich. Menschen sollen in Frieden und Wohlergehen zusammenleben. Dieser Ausdruck beschreibt den zentralen Lebenswunsch der Judenheit und steht im Zentrum der Erzählung. Er steht aber auch für die Suche nach Verständigung und nach Verständnis für den anderen.

Schalom Martin – ein jüdischer Gruß und ein typisch christlicher Name. Eine Dreiecksgeschichte zwischen zwei jüdischen und einem christlichen Jugendlichen in Deutschland und in Israel. So selbstverständlich das klingt, so ungewöhnlich ist es auch. Was heute kaum mehr möglich ist, war vor der Zeit des Nationalsozialismus selbst in vielen kleinen Dörfern Alltag. Die Erzählung *Schalom Martin* beschreibt eine solche Begegnung in einer Stadt mit einer großen jüdischen Gemeinde. Mannheim ist aber auch deswegen der Ort dieser Begegnung, weil sich in dieser Stadt, wie in Berlin, Frankfurt oder Wien, seit Jahrhunderten Weltanschauungen, Kulturen und Religionen offen begegnen.

Schalom Martin – das ist eine Sach-Erzählung und ein Reiseführer für Jugendliche und Erwachsene, die mehr über die jüdische Religion und über das Land Israel erfahren wollen. Das Buch ist ein Begleiter für Menschen, die sich auf eine Entdeckungsreise rund um Fragen über das Leben, die Kultur und die Geschichte des jüdischen Volkes begeben wollen. *Schalom Martin* ist aber auch gedacht als ein Reisebegleiter für einen Besuch in Israel.

Die Erzählung *Schalom Martin,* die eine Begegnung zwischen Jugendlichen aus dem jüdischen und dem christlichen Kontext beschreibt, ist fiktiv, auch wenn ihr autobiographische Elemente zugrunde liegen. Es lässt sich fragen, warum es solche Begegnungen kaum mehr gibt. Die Zeit des *Nationalsozialismus* und der *Schoa* haben daran einen großen Anteil und so werden in der Erzählung diese Aspekte nicht ausgeklammert. Angesichts der Geschehnisse kann es keine Normalität ohne einen Blick in die Geschichte geben. Das musste in der Erzählung auch Martin erfahren. Dennoch beschreibt die Freundschaft von Mirjam, David und Martin einen Neubeginn, der wünschenswert wäre – eine offene Begegnung von Menschen, die neugierig sind, mehr von dem Glauben und der Lebensweise des anderen zu erfahren.

Als Autor einer solchen Entdeckungsreise in die Welt des Judentums war ich auf die Mithilfe von Menschen angewiesen, denen ich danken möchte. Von Seiten der jüdischen Gemeinde Mannheim stand Schoschana Maitek-Drzewitzky hilfreich dem Projekt zur Seite. Für die fachliche Betreuung seien Dr. Stefan Meißner (Minfeld) und Dr. Michael Tilly (Mainz) herzlich gedankt. Der Calwer-Verlag Stuttgart und Prof. Wolfgang Zwickel (Mainz) versorgten uns mit einigen Tafeln und Bildern. Danken möchte ich auch den vielen TestleserInnen, von denen ich Mechthild Böhmer, Eberhard Dittus, Gaby Hiot, Cordelia Kuhn und Corinna Scheible besonders nennen möchte. Posthum möchte ich dem 2004 verstorbenen Studentenpfarrer der Universität Heidelberg, Gerhard Möckel, danken. Über dessen *Arbeitskreis Juden-Christen,* dem ich Jahre angehörte, habe ich viele Impulse für das Buch erhalten. Schließlich geht der Dank an Miriam Zöller vom *marixverlag* für die Aufnahme des Titels in ihr Verlagsprogramm.

Erinnern möchte ich schließlich an den langjährigen Vorsitzenden des Zentralrats der Juden in Deutschland, Paul Spiegel, der in diesen Tagen der Fertigstellung des Buches verstorben ist. Er war ein Versöhner und Förderer von Begegnungen zwischen Juden und Christen.

Neustadt/Weinstraße, im Mai 2006   *Michael Landgraf*

Zeittafel zur Geschichte Israels

3761 v. Chr.	Ausgangspunkt der Geschichtszählung
3000–1500 v. Chr.	Zeit der Nomaden, Abraham
1600–1200 v. Chr.	Sesshaft werden der Stämme
Um 1200 v. Chr.	Mose
Um 1000 v. Chr.	David
Um 960 v. Chr.	Salomo
933 v. Chr.	Teilung des Reiches Israel
587 oder 586 v. Chr.	Eroberung Israels, Zerstörung des Tempels durch Nebukadnezar (9. Aw; Jahr durch Quellen nicht eindeutig belegt). Beginn der Gefangenschaft in Babylon
Ab 538 v. Chr.	Rückkehr nach Israel unter den Persern
515 v. Chr.	Wiedereinweihung des Tempels
167–164 v. Chr.	Aufstand der Makkabäer, Judah Makkabi
Ab 63 v. Chr.	Vorherrschaft der Römer durch Pompeius
66 n. Chr.	Römischer Krieg
70	Zerstörung des Tempels
72	Fall Masadas
132–135	Bar Kochba-Aufstand
321	Juden in Köln nachgewiesen
1040–1105	Raschi (Rabbi Schlomo ben Jitzchak)
1096	Beginn des Ersten Kreuzzuges
1182	Vertreibung der Juden aus Frankreich
1135–1204	Maimonides, Arzt und Philosoph in Spanien
1215–1293	Meir von Rothenburg
1290	Vertreibung der Juden aus England
Ab 1348	Pestepidemie mit Judenverfolgung in Europa
1492	Vertreibung der Juden aus Spanien
1657	Juden dürfen wieder nach England
1700–1760	Baal Schem Tov, Begründer des Chassidismus
1729–1786	Moses Mendelssohn
1783	Emanzipation der Juden in den USA
Seit 1882	Einwanderungswellen nach Israel
1895	Verurteilung von Alfred Dreyfus in Frankreich

1897	Erster Zionistenkongress in Basel. Theodor Herzl
1919	Verfolgung in der Ukraine
1921	Beginn des britischen Mandats in Palästina
1933	Beginn der Verfolgung in Deutschland
1935	Rassengesetze
1939–1945:	Zweiter Weltkrieg und millionenfache Morde
1948	Gründung des Staates Israel

Kleines jüdisches Lexikon

Afikoman: griech. »Nachtisch«. Mazzenstück, das Kinder am Sederabend suchen dürfen.

Antisemitismus: Kunstwort, das »Judenfeindschaft« bedeutet. Der Name setzt sich aus dem Wort »gegen« und dem Namen Sem (Sohn Noahs) zusammen, der als Stammvater der Juden, aber auch der Araber gilt. Antisemitismus beschreibt eine Haltung, die sich im 19. Jahrhundert entwickelte.

Aschkenas: alte jüdische Bezeichnung für Deutschland.

Astarte: Göttin der Fruchtbarkeit bei den Kananäern.

Aw: Monatsname. Am Neunten Aw gedenkt man der Zerstörung des Tempels in Jerusalem und der Verfolgung von Juden.

Baal: Gott der guten Ernte bei den Kananäern.

Bar Mizwa/Bat Mizwa: »Sohn«/»Tochter des Gebotes«. Mit 12 Jahren werden Mädchen, mit 13 Jahren werden Jungs durch eine Zeremonie in der Synagoge zu vollwertigen Mitgliedern der Gemeinde.

Berit Mila: hebräischer Name für die Beschneidung. Berit bedeutet »Bund«.

Besamim-Büchse: Gewürzdose, die am Schabbat auf dem Tisch steht und einen guten Duft verbreitet.

Bessari: hebr. »Fleischig«. Darf nicht mit »Milchigem« zusammen gegessen werden.

Bima: hebr. »Tribüne«. Vorlesepult, meist abgegrenzter Bereich in einer Synagoge, auf dem die Tora zum Vorlesen aufgerollt wird.

Chalawi: hebr. »Milchig«. Darf nicht mit »Fleischigem« zusammen gegessen werden.

Chamez: hebr. »Gesäuertes«. Gegensatz zu Ungesäuertem wie Mazzen.

Chanukka: hebr. »Einweihung«. Lichterfest in der Winterzeit. Symbol: Leuchter mit acht Armen und einem Hilfsarm (Schammes).

Charoset: braunes Fruchtmus. Wird am Pesach-Fest gegessen und erinnert an die Lehmziegel, die die Israeliten in Ägypten machen mussten.

Chazzan: Kantor der Gemeinde, der in der Synagoge bei Gottesdiensten Gebete und Lieder laut vorsingt.

Chassid: hebr. »fromm«. Mitglied einer Bewegung, die auf den Rabbiner Baal Schem Tow in der ersten Hälfte des 18. Jahrhunderts zurückgeht. Chassidim tragen besondere Kleidung, Hüte und Schläfenlocken.

Chupa: Baldachin, unter dem man verheiratet wird.

Diaspora: griech. »Zerstreuung«. Bezeichnung für jüdische Gemeinden, die außerhalb des Landes Israel leben.

Dreidel: Spiel, das an Chanukka gespielt wird. Spielgerät ist ein Drehwürfel, der unten spitz zuläuft.

Ei: Ein hart gekochtes Ei wird am Seder-Abend gegessen. Es erinnert an die harte Zeit in Ägypten.

Elija: Prophet im Ersten oder Alten Testament. Er soll in den Himmel aufgefahren sein und am Ende der Zeit wiederkommen. Man denkt an ihn besonders an Pesach und bei der Beschneidung.

Gemara: hebr. »Vervollständigung«. Mittelstück einer Talmud-Seite.

Ghetto: Ein ummauerter Stadtteil in Venedig, in dem die jüdische Bevölkerung gezwungen wurde, ab 1516 zu leben. Später die Bezeichnung für Stadtviertel, in denen Juden gezwungenermaßen leben.

Grüne Kräuter: werden am Seder-Abend gegessen und erinnern an die karge Mahlzeit in Ägypten, aber auch an die Hoffnung auf Rettung.

Haggadah: hebr. »Erzählung«. Die Pessacherzählung erinnert an den Auszug aus Ägypten.

Haman-Taschen: Nach dem Widersacher gegen die Juden in Persien benannte Süßspeise, die an Purim gegessen wird.

Hawdala-Kerze: hebr. »Unterscheidung«. Geflochtene Kerze, die zum Abschied des Schabbat angezündet wird.

Hebräer: Ursprüngliche Bezeichnung des Volkes Israel zur Zeit der Nomaden.

Holocaust: griech. »Brandopfer«. Im englischsprachigen Raum die Bezeichnung für den Massenmord an Juden durch die Nationalsozialisten.

Jad: hebr. »Hand«. Zeiger in Form einer Hand für das Lesen der Tora.

Jad wa Schem: hebr. »Denkmal und Name«. Gedenkstätte in Jerusalem, die besonders an die Ermordung von Juden unter dem Nationalsozialismus erinnert.

Jiddisch: Sprache der Aschkenasim. Je nach Siedlungsraum sprach man verschiedene Dialekte, u.a. einer mit starkem deutschem Akzent.

Jom Kippur: hebr. »Tag der Versöhnung«. Höchster Feiertag, an dem an die eigene Schuld gedacht wird. Ein Fastentag der am 10. Tischri (erster Monat des jüdischen Kalenders) gehalten wird.

Kaddisch: Aramäisches Gebet, das besonders in der Trauer gesprochen wird.

Kanaanäer: Ureinwohner des Landes Israel, die von den israelitischen Nomaden verdrängt wurden.

Kaschrut: Festlegung, was koscher (rein/tauglich) ist.

Ketuwim: hebr. »Schriften«. Dritter Teil der Heiligen Schriften (Tenach).

Kibbuz: Siedlungsgemeinschaften in Israel, in denen es ein gemeinsames Eigentum und großes Mitsprachrecht gibt.

Kiddusch: hebr. »Heiligung«. Segensgebet am Schabbat und an Pessach.

Kippa: hebr. »Käppchen«. Wird von Männern zu allen religiösen Handlungen getragen. In einer Synagoge auch für Nichtjuden.

Kol Nidre: hebr. »Alle Gelübde«. Gebet, das am Jom Kippur gebetet wird und von allen nicht gehaltenen Versprechen gegenüber Gott entbindet.

Koscher: hebr. »tauglich«. Bei Nahrungsmitteln oder Gegenständen für das religiöse Leben Bezeichnung für etwas, das man verwenden darf.

Lammknochen: liegt an Pesach auf dem Tisch und erinnert an das Lamm, das in der letzten Nacht vor dem Auszug aus Ägypten geopfert wurde.

Lulaw: Strauß aus Weiden- und Palmenzweigen, aus Myrten und einer Zitrusfrucht.

Makkabi: hebr. Hämmerer. Beiname von Judah, der 167 vor Chr. einen Aufstand gegen syrische Eroberer angeführt hat.

Maror: hebr. »Bitterkräuter«. Sie werden an Pesach gegessen und erinnern an die Sklaverei in Ägypten.

Masada: Festung am Toten Meer. Der letzte Rückzugsort der jüdischen Aufständischen, als die Römer 70 nach Chr. das Land erobert hatten.

Masoreten: hebr. »Überlieferer«. Stellten zwischen 500 und 1000 nach Chr. Regeln für das Abschreiben der Tora auf, teilten den Text in 54 Abschnitte ein und gaben ihm feste Vokalzeichen.

Masel Tov: hebr. »Guter Stern«. Ruf bei Hochzeiten oder Bar-Mizwa-Feiern. Bedeutung von »Viel Glück – Alles Gute.«

Mazzen: Ungesäuertes Brot (Mehrzahl: Mazzot). Wird an Pesach, dem »Fest der ungesäuerten Brote« gegessen.

Mechiza: Wand oder Holzgitter in einer Synagoge, die Männer und Frauen voneinander trennt.

Menora: hebr. »Leuchter«. Leuchter mit sieben Armen. Symbol des Judentums und des Staates Israel.

Mesusa: hebr. »Pfosten«. Am Eingang eines Raumes hängende Kapseln, in denen sich das Gebet »Sch'ma Israel« befindet.

Mikwe: hebr. »Ansammlung von Wasser«. Reinigungsbad, dem sich traditionell Männer und Frauen vor dem Schabbat oder der Hochzeit unterziehen. Wird heute selten genutzt.

Minjan: hebr. »Zahl«. Die Mindestzahl von zehn Betern, die für einen traditionellen jüdischen Gottesdienst notwendig sind. Die Beter müssen die Bar oder Bat Mizwa hinter sich haben.

Mischna: hebr. »Wiederholen«. Sammlung von Schriften, die die Regeln der Tora auslegen und erklären.

Mohel: hebr. »Beschneider«. Mann, der die Beschneidung eines acht Tage alten Jungen in der Synagoge vornimmt.

Newiim: hebr. »Propheten«. Zweiter Teil der heiligen Schriften (Tenach).

Ner Tamid: hebr. »ewiges Licht«. Hängt in der Synagoge bei dem Tora-Schrein. Zeigt, dass die Tora im Schrein ist.

Pesach: hebr. »Vorübergehen«. Fest, das im Frühjahr gefeiert wird und an die Befreiung der Juden aus der Sklaverei in Ägypten erinnert. Auch »Fest der ungesäuerten Brote« genannt.

Purim: persisch »Pur« = »Los«. Fest, an dem man sich an Ester und die Rettung der Juden in Persien erinnert.

Rabbi: hebr. »Mein Lehrer«. Einer, der sich besonders gut mit den heiligen Schriften auskennt und seine Gemeinde berät.

Rosch ha Schana: hebr. »Kopf« oder »Anfang des Jahres«. Jüdisches Neujahrsfest, gefeiert im September/Oktober.

Salzwasser: Symbolische Speise an Pesach. Erinnert an die Tränen in Ägypten.

Sch'ma Israel: hebr. »Höre Israel«. Das wichtigste Gebet im Judentum (5. Mose 6, 4–9; vgl. auch 4. Mose 15, 37–41).

Schabbat: hebr. »Ruhe«. Ruhetag, an dem nicht gearbeitet werden darf. Als »Prinzessin Schabbat« im Gottesdienst begrüßt.

Schalom: hebr. »Friede, Wohlergehen«. Jüdischer Gruß.

Schammes: hebr. »Diener«. Neuntes Licht am Chanukka-Leuchter.

Schawuot: hebr. »Wochen«. Auch der Name für das Wochenfest, ein Dankfest im Frühsommer, das 50 Tage nach Pesach gefeiert wird.

Schoa: hebr. »Zerstörung«, »große Katastrophe«. Bezeichnung für den Massenmord an Juden durch die Nationalsozialisten.

Schofar: Widderhorn, das zu Neujahr (Rosch ha Schana) und am Versöhnungstag (Jom Kippur) geblasen wird.

Seder: hebr. »Ordnung«. Bezeichnet den ersten Abend am Pesach-Fest.

Sepharad: Alte jüdische Bezeichnung für Spanien und Portugal. Heute auch Bezeichnung von Juden aus orientalischen Ländern.

Siddur: hebr. »Ordnung«. Ein Gebetbuch, das im Gottesdienst verwendet wird.

Simchat Tora: Fest der Gesetzesfreude. Wird am Ende des Laubhüttenfestes gefeiert.

Stolpersteine: Initiative in vielen Städten Deutschlands. Metalltafeln auf dem Boden vor Häusern erinnern an verschleppte und ermordete Juden.

Sukkot: hebr. »Laubhütten«. Auch Bezeichnung für das Laubhüttenfest, das im Spätjahr gefeiert wird.

Sündenbock: Biblische Tradition, am Versöhnungstag einem Bock die Sünden des Volkes aufzuladen und in die Wüste zu schicken.

Tallit: hebr. »Hülle«. Gebetsschal mit Streifen und Quasten (Zizit).

Talmud: hebr. »Studium«, »Lehre«. Enthält die rabbinischen Auslegungen und Erklärungen der Tora.

Tefilla: hebr. »Gebet«. Andere Bezeichnung für das Achtzehn-Bitten-Gebet.

Tefillin: hebr. von Tefilla »Gebet«: Gebetsriemen mit Kapseln, die das Sch'ma Israel enthalten und beim Morgengebet um den Kopf und den linken Arm gewickelt werden.

Tenach: von Tora – Newiim – Ketuwim. Die heiligen Schriften des Judentums. Textinhalt des Alten oder Ersten Testaments der Bibel.

Tischri: Erster Monat im Jahr. September/ Oktober. Am ersten Tischri soll Gott den ersten Menschen geschaffen haben.

Tora: hebr. »Weisung«. Wichtigste Schrift im Judentum. Sie besteht aus den fünf Büchern Mose.

Treife: hebr. »Untauglich«. Etwas, das nicht »koscher« ist und daher nicht gegessen oder verwendet werden darf.

Zion: Berg vor den Toren Jerusalems, auf dem König David begraben liegt. Gilt als Zeichen der Hoffnung.

Zionisten: Bewegung seit Ende des 19. Jahrhunderts. Sie fordert einen Judenstaat
(Theodor Herzl) und kauft Land in Israel, um es zu besiedeln.
Zizit: Quasten an einem Tallit (Gebetsschal).

Jüdische Gemeinden in Deutschland

© Calwer Verlag

Kontakte und Links

Allgemeine Informationen zum Judentum

www.judentum.net
www.hagalil.com
www.payer.de
www.judentum-projekt.de
www.talmud.de
www.jewish-forum.de
www.yadvashem.org
www.jewish-studies.com/
www.fordham.edu/halsall/jewish/jewishsbook.html
www.biu.ac.il/index_eng.shtml

Kontakt Zentralrat der Juden, Jüdische Gemeinde

www.zentralratdjuden.de: Hier gibt es auch Links zu jüdischen Gemeinden und
    Landesverbänden z.B. www.irg-baden.de (Landesverband Baden)
Jüdische Gemeinde Mannheim, F 3,4, 68159 Mannheim. www.jgm-net.de

Gesellschaft für Christlich-Jüdische Zusammenarbeit

www.deutscher-koordinierungsrat.de
www.christen-und-juden.de
www.jcrelations.net
www.gesellschaft-fuer-christlich-juedische-zusammenarbeit-karlsruhe.de
www.gcjz-berlin.de

Grabungen in Kinneret

www.kinneret-excavations.org.

Internetkaufhaus für jüdische Kultgegenstände und Bücher

www.doronia.de

Bildnachweis

9, 14: Landgraf; 18: Ölbaum-Verlag; 21: Calwer Bibellexikon; 23: Landgraf; 27: www.chelm.org; 28: Wikimedia commons http://commons.wikimedia. org/wiki/Image:Arbaat_haminim.jpg; 31; 33: Landgraf 39, 41: Scan: Landgraf, Buch: Sinai-Publishing Tel Aviv; 43: wikimedia commons, wikipedia.org/wiki/ Passover_Seder; 44, 45, 47, 54: Landgraf; 56: wikimedia commons, Shabbat_ Challos.jpg; 57: Landgraf; 64: Calwer; 65, 77, 79, 82, 83, 84, 90: Landgraf; 91: wikimedia commons c/c0/Chupah_closeup.JPG.; 97, 99, 100, 102, 103, 107, 108, 111, 112, 113, 114, 116: Landgraf; 119: Calwer; 122: Institut für pfälzische Geschichte, Kaiserslautern; 123: Stefan Meißner; 129: Otmar Weber; 132: Stefan Meißner, 133: Landgraf; 140: Matisyahu www.mlk.com; 142: Calwer, Grundkurs Judentum; 143, 144: Calwer Bibellexikon; 146: Volz; 147: Calwer Bibellexikon; 148: marixverlag; 149: Calwer Grundkurs Judentum; 152: Landgraf; 154: Calwer Grundkurs; 156: Volz; 160: Calwer Grundkurs; 162: Volz; 164, 166: Calwer Grundkurs; 167: Landgraf; 168: Calwer Grundkurs; 169: Landgraf; 169, 173: Calwer Grundkurs; 175: Paul Habermehl (Buch: Vorbei, nie ist es vorbei); 178: wikimedia commons, Anti-Semitismus_1933.jpg; 180,181, 182, 183: Calwer Grundkurs; 184, 185: Landgraf; 189: Wikimedia commons, Theodr-Herzl-1904.jpg; 191: Teilungskarte 1948: www.factsofisrael.com 194: Landgraf; 195: Wikimedia commons, Flag_of_Israel.svg; 197: Wolfgang Zwickel; 198: Wolfgang Zwickel; 201, 203: Landgraf; 204: Calwer Grundkurs; 205, 207, 208, 211: Landgraf; 213: Wolfgang Zwickel; 214, 216: Landgraf; 219: wipedia commons: Panorama_haifa.jpg; 230: Calwer, Judith.

Schalom Martin im Unterricht

Schalom Martin lässt sich als Ganzschriftlektüre oder auch Auszugsweise gut im Unterricht einsetzen. Als Begleitmaterial empfehlen sich folgende Materialien, die auch einen Bezug zum Buch haben.

Michael Landgraf, Stefan Meißner: Judentum (ReliBausteine 4), Calwer/ EPV/RPE, Speyer/Stuttgart, erscheint 2007.
Hier finden sich Materialien, die direkt an Schalom Martin anknüpfen.
Das Buch bietet eine Einführung und differenzierte Materialien für die Auseinandersetzung mit dem Thema Judentum im Unterricht. Ein breites Angebot Entdeckungen rund um die jüdische Geschichte und Gegenwart, um religiöse und gesellschaftliche Fragen laden ein, sich intensiv mit dem Judentum zu beschäftigen.

Grundkurs Judentum, Teil 1 und Teil 2. ISBN: 13-987-3-7668-3712-5, Calwer, Stuttgart 2002
Klassiker für die Auseinandersetzung mit dem Thema. Hieraus stammen viele Karten und Schaubilder von Schalom Martin.
Das umfassende Werk bietet eine Fülle von praxisnahen und abwechslungsreichen Materialien zum Judentum. Arbeitsblätter zur Geschichte, zum Wesen und Gestalt des Judentums von den Ursprüngen bis zur Gegenwart. Auch wird die Situation in Israel und das jüdische Leben in Deutschland bedacht.

Gisela Ganzhorn, Doris Bornhäuser, Gerlinde Ehrenfeuchter: Judith – ein jüdisches Mädchen in Deutschland. Eine Begegnung mit ihrem Glauben und der Geschichte ihres Volkes. ISBN 13: 978-3-7668-3902-2. Calwer, Stuttgart 2005.
Gut für den Schwerpunkt *Begegnung mit dem Judentum in Deutschland* geeignet. Kopiervorlagen und eine Hör-CD.
Anhand der Erzählfigur Judith wird die jüdische Religion und Lebensweise, aber auch die Geschichte und das Leben in Israel nahe gebracht. Gebundener Unterricht und Freiarbeit können mit den Materialien gestaltet werden.

Calwer Bibellexikon, Hg. von Otto Betz, Beate Ego und Werner Grimm in Verbindung mit Wolfgang Zwickel, 2 Bände, ISBN 13: 987-3-7668-3838-4. Calwer, Stuttgart 2003.
Quelle für die Geschichte der Bibel und des Judentums mit viel Detailmaterial, das für Schalom Martin verwendet wurde.
Das Bibellexikon bietet eine Fülle von Materialien zur Entstehung der Tora und des Judentums.

Weiterführende Literatur

Barash, Asher: Eine Stimme vom Himmel – Jüdische Märchen, Gütersloh 1992.

Baumann, Arnulf (Hg): Was jeder vom Judentum wissen muss, Gütersloh 1983.

Buber, Martin: Die Erzählungen der Chassidim, Zürich 1992.

Kayales, Christina, Fiehland van der Vegt, Astrid: Was jeder vom Judentum wissen muss, 9. völlig neu überarb. Auflage. Gütersloh 2005.

Brum, Alexa: Kinderwelten. Ein jüdisches Lesebuch, Eichenau 1996.

Dohm Vera u.a.: Judentum: Thema Weltreligionen, Leipzig 2002

Hagemann, Waltraut, Hirsch, Elke: Leben mit der Zukunft im Rücken – Juden und Christen erinnern sich, Düsseldorf 2003.

Keller, Werner: Und sie wurden zerstreut unter all Völker. Die nachbiblische Geschichte des jüdischen Volkes, München 1966.

Paffenholz, Alfred: Das Paradies ist freitags im Badehaus – Lesebuch zum Judentum, Düsseldorf 1996.

Paffenholz, Alfred: Was macht der Rabbi den ganzen Tag? – Das Judentum, Düsseldorf 1997

Pollatschek, Iris; Schmidt, Wolf-Rüdiger: Der brennende Dornbusch. Glanz und Elend der Juden in Europa, Gütersloh 2004 (auch DVD).

Quaknin, Marc u.a.: Der Rabbi, der seine Geschichten verschenkte – Eine Erzählung aus dem Judentum, Lahr 1997.

Rink, Marion (u.a.): Was habt ihr da für einen Brauch? Jüdische Riten und Feste. Schönberger Hefte Sonderband, 1996

Schoeps, Julius H.; Wallenborn, Hiltrud (Hg.): Juden in Europa. Ihre Geschichten in Quellen. Darmstadt 2001.

Staszewski, Noemi: Mona und der alte Mann – Ein Kinderbuch zum Judentum, Düsseldorf 1997.

Stemberger, Günther (Hg.): Die Juden. Ein historisches Lesebuch, München 1990.

Then, Reinhold: Das Judentum. Bilder - Folien – Einführung, Regensburg 1995.

Trepp, Leo: Die Juden. Volk, Geschichte und Religion, Wiesbaden 2006.

Trutwin, Werner: Judentum, Düsseldorf 1997.

Tworuschka, Monika und Udo: Vorlesebuch Fremde Religionen: Judentum – Islam, Lahr 1988

Über den Autor

Michael Landgraf, geb. 1961, ist aufgewachsen im Rhein-Neckar-Raum und lebt in Neustadt an der Weinstraße. Studium der Theologie und Philosophie in Heidelberg und in Göttingen. Leiter des Religionspädagogischen Zentrums Neustadt und Lehrbeauftragter der Universität Landau. Autor und Herausgeber von Sach-, Fach- und Schulbüchern. Langjähriges Mitglied im Arbeitskreis Juden-Christen an der Universität Heidelberg und Mitarbeit in der Vorbereitung und an Arbeitshilfen zur Ausstellung »Europas Juden im Mittelalter« (Historisches Museum/Speyer 2004).